Vom Leben lernen

Rudolf Steiner

VOM LEBEN LERNEN

Erziehung als soziale Kunst

Archiati Verlag

Der Redaktion dieser Vorträge liegt der erste Druck von 1919 zugrunde. Zudem wurden alle anderen bisher erfolgten Veröffentlichungen, einschließlich GA 192, herangezogen. Inhaltsverzeichnis und Titel der Vorträge stammen vom Redakteur.

Erste Auflage 2006
(1. bis 5. Tausend)

Herausgeber: Archiati Verlag e. K., Bad Liebenzell
Redaktion: Pietro Archiati, Bad Liebenzell
Korrektorat: Eva Koglin, Ganderkesee
Umschlag: Archiati Verlag, Bad Liebenzell
Foto: Rietmann, © Verlag am Goetheanum
Druck: Memminger MedienCentrum, Memmingen

ISBN-10: 3-938650-83-4
ISBN-13: 978-3-938650-83-7

Archiati Verlag e. K.
Am Berg 6/1 · D-75378 Bad Liebenzell
Telefon: (07052) 935284 · Telefax: (07052) 934809
info@archiati-verlag.de · www.archiati-verlag.de

Inhaltsverzeichnis

- Die Grundschule kann nur eine Einheitsschule sein. Die Lehrerprüfung muss auf den Lehrer als Menschen sehen, nicht auf sein Wissen *S. 30*
- Man muss wissen, welche Fächer das Denken, welche das Fühlen und welche das Wollen des Kindes erziehen. Die Eurythmie fördert besonders die Willenskultur *S. 34*
- Wenn die Fachausbildung anfängt, wird eine allgemeine Weltanschauung umso wichtiger, die in das konkrete moderne Leben einführt *S. 38*
- Die Geisteswissenschaft taugt vorzüglich für eine «allgemeine Menschenbildung», denn sie ist allgemein verständlich *S. 45*

2. Vortrag

Die Zeichen der Zeit

als Erzieher des Erziehers

S. 53

- Die Pädagogik ist lebensfremd geworden. Auf Lehrerversammlungen sollten vor allem kulturpolitische Betrachtungen über die Aufgaben der Zeit stattfinden *S. 53*
- «Begabtenprüfungen» zeugen von einer Kluft zwischen Mensch und Mensch. Was nottut, ist «das Erfülltsein vom unmittelbaren, lebendigen Menschlichen» *S. 58*
- Der Zwang beherrscht das Leben – der Priester-, der politische und der wirtschaftliche Zwang. Die zwangsläufige Spezialisierung braucht einen Ausgleich *S. 62*

- Das historische Recht hat die Besinnung auf das «Naturrecht» verdrängt. Das Zeitgeschehen kann nur aus der inneren Natur des Menschen verstanden werden *S. 66*
- Das mitteleuropäische Geistesleben – der Goetheanismus – ist mit Füßen getreten worden. Das Bagdadbahnproblem zeigt: Das Geistesleben muss von Politik und Wirtschaft befreit werden *S. 71*
- Die «absolute politische Ungeschultheit» muss erst bei den Erziehern überwunden werden *S. 76*
- Erziehung heißt, lernen lernen – das ganze Leben vom Leben lernen. Das konkrete Leben ist anders im Westen (Wirtschaft ohne Brüderlichkeit) und im Osten (Brüderlichkeit ohne Wirtschaft). Die Mitte muss für den Ausgleich, für die Gleichheit sorgen *S. 79*
- Der Erzieher muss in allen drei Bereichen des Lebens wirklich wirkend drinstehen. Das Lebensfremde der Spezialisierung muss aufhören *S. 84*
- Das Bürgertum hat das Zeitgeschehen verschlafen. Aufwachen zu den dringenden Aufgaben der Zeit tut not *S. 87*

3. Vortrag

Vom braven Bürger zum Menschen

durch freies Geistesleben und Kunst

S. 93

- Die Erziehung muss sich nach der Natur des Kindes richten. Der Stundenplan muss von dem Epochenunterricht abgelöst werden *S. 93*

Anstatt eines Vorwortes:

Offener Brief

Liebe Rudolf Steiner-Freunde, liebe Steiner-Skeptiker!

Wir sind zwei junge Menschen, die erst vor wenigen Jahren auf die Geisteswissenschaft Rudolf Steiners gestoßen sind. Zu der Zeit war einer von uns im Vertrieb in einer amerikanischen Softwarefirma und der andere Internetberater in einer Versicherung. Die Entdeckung Steiners hat mehr Tiefe und ungeahnten Reichtum in unser Leben gebracht.

Wir staunen immer wieder, wie treffsicher und verblüffend aktuell Steiner sowohl die äußere Weltlage wie auch ihre geistigen Hintergründe darstellt. Im Berufsleben haben wir in der Wirtschaft mit ihrem sogenannten Realismus trotz allem äußerlichen Erfolg viel Zerstörung von idealistischen Kräften, viel innere Aushöhlung und Ausgebranntsein erlebt. Angesichts der allgegenwärtigen, weltweit stärker werdenden Zerstörungskräfte weist Steiner immer wieder auf die aufbauenden Kräfte hin, die jeder Mensch in sich entdecken und mobilisieren kann. So viel Realismus und Idealismus wie bei Steiner haben wir sonst nirgendwo gefunden!

Überrascht hat uns, dass die Anthroposophie in der Öffentlichkeit ein ganzes Jahrhundert lang kaum eine Wirkung entfaltet hat. Es gibt einzelne Lebensbereiche, wie die Pädagogik, die Landwirtschaft und die Medizin, in denen sich Menschen bemühen, im Sinne der Geisteswissenschaft Rudolf Steiners zu leben. Sie scheinen aber nicht das Bestreben zu haben, die Gesamtkultur im Sinne der Geisteswissenschaft zu erneuern. Manche sagen, dass Steiner nur für wenige taugt, andere finden den Anspruch der Anthroposophie auf Veränderung von Mensch und Welt unrealistisch.

Dies verzerrt in unseren Augen das Bild der Anthroposophie Rudolf Steiners, weil das Wesentliche in ihr gerade in der Art liegt, wie sie alles öffentliche Leben erneuern kann. Eine Anthroposophie, die nicht das ganze Leben und als Folge die ganze Kultur ändert, ist nach unserem Verständnis keine. Wir sind der Meinung, dass jeder Mensch in seiner individuellen Freiheit die Möglichkeit hat, einen Impuls aufzugreifen und ihn in der Welt stark und wirksam zu machen. Gerade diese Tatsache hat uns dazu bewogen, nach Wegen zu suchen, wie man grundlegende Texte Rudolf Steiners einer breiten Öffentlichkeit zugänglich machen kann.

In den hier gedruckten, vor Mitgliedern der Anthroposophischen Gesellschaft gehaltenen Vorträgen ist der Geist Rudolf Steiners in seinem innersten Wesen, in seinem tiefsten Kern zu erkennen. Er schildert kompromisslos die Kräfte, die in unserer Kultur am Werk sind, und gibt deutliche Anregungen für ihre notwendige, grundlegende Erneuerung.

Wir haben folgende für uns brennende Fragen an Sie:

Warum wird kaum über Steiners zentrale Überzeugung gesprochen, dass eine Rettung der Kultur und der Gesellschaft ohne den Beitrag einer modernen Geisteswissenschaft ganz unmöglich ist?

Erzeugt nicht die moderne Gesellschaft durch den geistverneinenden Materialismus ihrer Naturwissenschaft und den menschenunterdrückenden Privatkapitalismus ihrer Wirtschaft *zwangsläufig* immer mehr Ungerechtigkeit und als Folge immer mehr Kriege, Umweltzerstörung und menschliches Leid?

Stellt nicht die Geisteswissenschaft Rudolf Steiners in ihrer Würdigung jedes einzelnen Menschen als freiem Geist eine radikale, dringend notwendige *Alternative* dazu dar?

Von wie vielen Aussagen Steiners kann man sich distanzieren, ohne sich von seinem Geist, von seiner Geisteswissenschaft schlechthin zu distanzieren?

Hat jeder über Steiner nur seine Meinung oder gibt es einen objektiven Geist der Anthroposophie? Ist zum Beispiel die Aussage, dass die Anthroposophie im Kern christlich ist, reine Meinungssache oder ist sie objektiv?

Was sagen Repräsentanten von anthroposophischen Einrichtungen, zum Beispiel die Mitglieder des Vorstands der Anthroposophischen Gesellschaft, zum erklärten sozialen Radikalismus dieser drei Vorträge? Haben die Menschen nicht das Recht, ihre offene und klare Stellungnahme dazu zu erfahren?

Ist jemand, der sich uneingeschränkt zum Geist dieser drei Vorträge bekennt, automatisch ein Fundamentalist, ein Fanatiker oder ein Dogmatiker? Wer entscheidet, was fanatisch oder dogmatisch ist? Nach welchen Kriterien?

Könnte es sein, dass in vielen Menschen deshalb ein verzerrtes Bild der Anthroposophie lebt, weil nicht wenige ihrer Vertreter vor ihrem «Radikalismus» zurückschrecken? Und dass diejenigen, die gerade diesen Radikalismus für die Erneuerung der Kultur als notwendig erachten und mit aller Kraft suchen, dadurch ferngehalten werden?

Wir würden uns freuen, Ihre Antworten auf unsere Fragen – in welchem Forum auch immer – zu erfahren.

Monika Grimm
Michael Schmidt

Erster Vortrag

Erziehung für den Menschen
durch Einheitsschule und allgemeine Bildung

Stuttgart, 11. Mai 1919

Meine lieben Freunde!

Die Auseinandersetzungen, die ich heute geben werde, sollen volkspädagogischer Natur sein, und zwar in solcher Art, dass das ihnen Zugrundeliegende der Zeit, unserer so ernsten Zeit, dienen kann.

Sie werden ja, wie ich glaube, von selbst gesehen haben, dass dasjenige, was nur andeutungsweise in meinem Buch *Die Kernpunkte der sozialen Frage* gegeben werden konnte, viele Untergründe und vor allen Dingen sehr viele nach den Tatsachen der neuen Weltgestaltung hingehende Konsequenzen hat. Sodass eigentlich von allem, was heute nach dieser Richtung gesprochen werden muss und vor allen Dingen, wozu Anregungen gegeben werden müssen, immer nur einzelne Leitlinien, statt irgendetwas Erschöpfendem, zunächst gegeben werden können.

Wenn wir heute auf unsere Zeit sehen – und wir haben das nötig, denn wir müssen diese Zeit verstehen –, so muss uns wirklich immer wieder auffallen, welcher Abgrund vorhanden ist zwischen dem, was man eine Niedergangskultur und dem, was man eine ja noch chaotisch arbeitende, aber aufsteigende Kultur nennen muss.

Ich will ausdrücklich darauf aufmerksam machen, dass ich heute nur ein ganz spezielles Kapitel behandeln will, und bitte Sie daher, dieses Kapitel im Zusammenhang mit dem Ganzen zu betrachten, das ich jetzt bei verschiedenen Gelegenheiten vorbringe.

Das, wovon ich ausgehen möchte, ist, Sie darauf aufmerksam zu machen, dass in der Tat deutlich bemerkbar ist wie eine Kultur, deren Träger die bürgerliche Gesellschaftsordnung war, in raschem Abstieg begriffen ist – und wie auf der anderen Seite eine andere Kultur sich in ihrer Morgenröte zeigt, deren Träger – wie gesagt, heute noch aus einer vielfach unbegriffenen Unterlage heraus – eben das Proletariat ist.

Will man diese Dinge verstehen – fühlen kann man es ja ohnedies, es bleibt aber unklar –, so muss man sie in ihren Symptomen auffassen. Symptome sind immer Einzelheiten und das ist es, was ich Sie bitte, bei meinen heutigen Betrachtungen zu berücksichtigen: Ich werde natürlich durch die Sache selbst gezwungen sein, Einzelheiten aus einem Ganzen herauszugreifen.

Aber ich bemühe mich, diese Symptomatologie so zu gestalten, dass sie nicht in agitatorischem oder demagogischem Sinne wirken kann, sondern dass sie wirklich aus der Sachlage heraus gestaltet ist. Nach dieser Richtung kann man ja heute vielfach missverstanden werden, allein, diesen Missverständnissen muss man sich eben aussetzen.

Sehen Sie, ich habe Sie im Laufe der Jahre oftmals darauf aufmerksam gemacht, dass auf dem Boden der Weltanschauung, auf dem hier gestanden wird, man in erster Linie ein wirklicher Verfechter und Verteidiger der modernen *naturwissenschaftlichen Weltorientierung* sein kann. Wie oft habe ich all dasjenige, was zur Verteidigung dieser naturwissenschaftlichen Weltorientierung gesagt werden kann, angeführt.

Ich habe aber auch niemals versäumt, zu sagen, welche ungeheuren Schattenseiten diese naturwissenschaftliche Weltorientierung hat.

Noch letzthin habe ich darauf aufmerksam gemacht, dass sich das sogleich zeigt, wenn man eben durch das, was man hier die «symptomatologische Betrachtungsweise» nennt, auf einzelne eindrucksvolle Fälle hinweist und ganz empirisch zu Werke geht.

Ich habe Ihnen aus anderen Zusammenhängen heraus ein ausgezeichnetes Werk der Gegenwart von Oskar Hertwig loben müssen, dem ausgezeichneten Biologen: *Das Werden der Organismen. Zur Widerlegung von Darwins Zufallstheorie durch das Gesetz in der Entwicklung.* Und ich habe, damit keine Missverständnisse entstehen, nachdem Oskar Hertwig ein zweites Büchelchen hat erscheinen lassen, sogleich darauf aufmerksam machen müssen, dass dieser Mann neben ein großartiges naturwissenschaftliches Buch eine Betrachtung über soziale Lebensverhältnisse hingestellt hat, die ganz minderwertig ist.

Das ist eine bedeutsame Tatsache der Gegenwart. Das zeigt, auf welchem Grund und Boden, auf welchem für die naturwissenschaftliche Weltorientierung ausgezeichneten Grund und Boden dasjenige nicht entstehen kann, was zum Verständnis der Gegenwart in erster Linie notwendig ist: eine Erkenntnis der sozialen Impulse, die in unserer Zeit vorhanden sind.

Ich will Ihnen heute ein anderes Beispiel vorführen, an dem Sie so recht werden sehen können,

- wie auf der einen Seite die bürgerliche Bildung dem Niedergang entgegengeht und sich nur auf eine bestimmte Weise wird retten können;
- wie auf der anderen Seite etwas Aufsteigendes vorhanden ist, das man nur in verständnisvoller und richtiger Weise hegen und pflegen muss – dann wird es der Ausgangspunkt für die Kultur der Zukunft sein.

Sehen Sie, so recht als ein symptomatisches, typisches Produkt des niedergehenden Bürgertums liegt mir hier ein Buch vor, das unmittelbar nach dem Weltkrieg erscheint, das sich etwas anspruchsvoll nennt: *Der Leuchter*.

Weltanschauung und Lebensgestaltung[1]. Dieser «Leuchter» ist so recht geeignet, möglichst viel Finsternis ausstrahlen zu lassen mit Bezug auf alles dasjenige, was heute so notwendig ist als soziale Bildung und ihre geistigen Grundlagen.

Eine merkwürdige Gesellschaft hat sich zusammengefunden, welche merkwürdige Sachen zum sogenannten Neubau unseres sozialen Organismus in einzelnen Aufsätzen schreibt. Ich kann natürlich nur Einzelnes aus diesem etwas umfangreichen Buch anführen.

Da ist zunächst ein Naturforscher, Jakob von Uexküll, wahrhaftig ein guter, typischer Naturforscher, der, und das ist das Bedeutsame, nicht nur Kenntnisse in der Naturwissenschaft sich angeeignet hat – da ist er ein nicht bloß beschlagener, sondern als Forscher ein vollkommener Mann der Gegenwart –, sondern der sich auch gezwungen fühlt, wie das ja auch andere tun, die aus naturwissenschaftlichem Boden herausgewachsen sind, nun seine Folgerungen für die soziale Weltgestaltung zum Besten zu geben.

Er hat am sogenannten «Zellenstaat», wie man den Organismus oftmals in naturwissenschaftlichen Kreisen nennt, gelernt. Daran hat er gelernt, seinen Denkorganismus auszubilden, und mit diesem so ausgebildeten Denkorganismus betrachtet er nun das soziale Leben.

---

1 Otto Reichl Verlag, Darmstadt, 1919.

Ich will Ihnen nur Einzelheiten anführen, aus denen Sie sehen können, wie dieser Mann, und zwar, wie man sagen kann, nicht aus Naturwissenschaft, sondern aus naturwissenschaftlicher Denkungsweise im Grunde genommen ganz «richtig», aber eben lebensgemäß total unsinnig die heutige soziale Gestaltung betrachtet.

Er lenkt seinen naturwissenschaftlichen Blick auf den sozialen Organismus und auf den natürlichen Organismus und findet, dass die Harmonie in einem natürlichen Organismus zuweilen auch durch Krankheitsprozesse gestört werden kann, und sagt nun mit Bezug auf den sozialen Organismus das Folgende:

«Jede Harmonie kann durch Krankheit gestört werden. Wir nennen die furchtbarste Krankheit des menschlichen Körpers – ‹Krebs›. Sein Merkmal ist die schrankenlose Tätigkeit des Protoplasmas, das sich nicht mehr um die Erhaltung der Werkzeuge kümmert, sondern nur noch freie Protoplasmazellen erzeugt. Diese verdrängen das Körpergefüge, können aber selbst keine Arbeit leisten, da sie des Gefüges entbehren.

Die gleiche Krankheit kennen wir im menschlichen Gemeinwesen, wenn die Parole des Volkes: Freiheit, Gleichheit *und* Brüderlichkeit *an die Stelle der Staatsparole:* Zwang, Verschiedenheit *und* Unterordnung *tritt ...»* (S.95)

Nun, da haben Sie einen typischen naturwissenschaftlichen Denker. Er betrachtet es als eine Krebskrankheit am

Volkskörper, wenn aus dem Volk heraus die Impulse von Freiheit, Gleichheit und Brüderlichkeit gesetzt werden. Er will an die Stelle von Freiheit Zwang gesetzt haben, anstelle der Gleichheit Verschiedenheit, anstelle der Brüderlichkeit Unterordnung.

Das, was er gelernt hat am «Zellenstaat» als Betrachtungsweise in sich aufzunehmen, das überträgt er als Konsequenz auf den sozialen Organismus. Auch im Übrigen sind seine Auseinandersetzungen nicht gerade unerheblich, wenn man sie richtig symptomatologisch betrachtet.

Er kommt dazu, im sozialen Organismus auch etwas zu finden, was dem Blutkreislauf im natürlichen Organismus entspricht, und zwar nicht so, wie ich es jetzt in verschiedenen Vorträgen dargestellt habe, sondern so, wie es sich ihm eben darstellt. Er kommt dazu, als dieses mit Recht im sozialen Organismus zirkulierende Blut das Gold anzusehen, und er sagt:

«Das Gold besitzt aber auch die Fähigkeit unabhängig vom Warenstrom zu kreisen und gelangt dann in die großen Banken als Zentralsammelstellen (H = Goldherz),» – also der Naturforscher kommt dazu, etwas für das Herz im sozialen Organismus zu suchen, und findet dafür die großen Banken als Zentralsammelstellen –, *«die einen überwiegenden Einfluß auf den gesamten Gold- und Warenstrom ausüben können.»* (S.99)

Nun bemerke ich ausdrücklich, dass ich nicht irgendetwas lächerlich machen möchte, sondern dass ich Ihnen nur vor Augen führen möchte, wie ein Mensch eigentlich denken muss, der von dieser Grundlage aus auch den Mut hat, bis zu den Konsequenzen zu denken.

Wenn viele Menschen sich heute darüber hinwegtäuschen, dass wir es im Laufe der letzten drei bis vier Jahrhunderte zu einer Entwicklung gebracht haben, die solches Denken ganz begreiflich macht, so liegt eben die Tatsache vor, dass diese Leute in Bezug auf die Seele schlafen, dass sie sich Betäubungsmitteln, Kulturbetäubungsmitteln hingeben, die ihnen nicht gestatten, mit wacher Seele auf das hinzuschauen, was eigentlich in der sogenannten bürgerlichen Bildung drinnen steckt.

Sehen Sie, da habe ich Ihnen in ein Symptom hineingeleuchtet, auf diesen «Leuchter» hingeleuchtet, auf die Grundlage der gegenwärtigen Bildung, insofern diese aus naturwissenschaftlicher Denkweise heraus das soziale Leben begreift.

Ich will Ihnen auch an einem anderen Beispiel zeigen, wie dasjenige wirkt, was einem auf geistigem Gebiet entgegentritt.

Zu denjenigen Menschen, die hier in dieser Gesellschaft vereinigt sind, gehört auch ein mehr auf geistigem Boden Stehender, Friedrich Niebergall. Nun, dieser Friedrich Niebergall, der darf schon aus dem Grund angeführt werden, weil er gewissen Dingen, die uns wertvoll sind, sogar recht wohlwollend gegenübersteht.

Aber ich möchte sagen, das ist es eben: *wie* man wohlwollend gewissen Dingen von solcher Seite gegenübersteht. Sieht man auf das Wie, so schätzt man dieses Wohlwollen – natürlich wenn man nicht egoistisch ist, sondern auf die großen sozialen Impulse sieht – nicht sehr hoch ein. Und es wäre gut, wenn man sich über solche Dinge keiner Täuschung hingäbe.

Wir wissen doch, wenigstens einige könnten es wissen: Das, was hier als Geisteswissenschaft, als anthroposophisch orientierte Geisteswissenschaft, gepflegt wird, das ist bei uns seit langem schon so gedacht, dass es die wirklich geistige Grundlage desjenigen sein soll, was heute im Aufstieg ist. Da stoßen allerdings gewöhnlich die äußersten Extreme aneinander.

Und ich habe es immer wieder erfahren müssen, wie diejenigen, die an unseren geisteswissenschaftlichen Bestrebungen teilnehmen, nach anderen Dingen hinüber abschwenken, die sie «ganz verwandt» fühlen, die aber dadurch von diesen geisteswissenschaftlichen Bestrebungen verschieden sind, dass sie die ärgsten bürgerlichen Niedergangserscheinungen sind – während die Geisteswissenschaft von jeher in dem schärfsten Kampf mit diesem bürgerlichen Niedergangsstandpunkt war.

Und so finden wir denn auch von einem, wie zum Beispiel Niebergall, der eben diese beiden Strömungen nicht sehen kann – eine Erscheinung, die sich eben geradezu als ein charakteristischer Ausfluss unserer Dekadenzkultur erweist –, finden wir, ziemlich kunterbunt durcheinandergemischt, Johannes Müller auf der einen Seite und auf der anderen Seite+[2] gleich meinen Namen verzeichnet.[3]

Da wird sogar über das, was ich zu leisten versuche, allerlei Niedliches gesagt, recht viel Niedliches. Aber nun werden Sie wissen, dass mein ganzes Bestreben immer dahin geht, für alles das, was innerhalb dieser sogenannten Geisteswissenschaft vorgebracht wurde, zuletzt den gesunden Menschenverstand in Anspruch zu nehmen und alle nebulose Mystik, alles sogenannte mystisch-theosophische Zeug, gerade in der schärfsten Weise zu bekämpfen.

Das konnte nur dadurch geschehen, dass bis in die höchsten Gebiete des Erkennens klare Einsicht hinaufgetragen wurde, deutliche Ideen, die man gerade dann anstreben wird, wenn man an der Naturwissenschaft nicht die heutige naturwissenschaftliche Orientierung, sondern wahres Denken gelernt hat.

---

2 Die Ausgabe von 1919 trägt einige Anfügungen in Klammern. Sie sind mit + gekennzeichnet und auf S.129 zu lesen. Obwohl in der Gesamtausgabe «die von Rudolf Steiner vorgenommenen Korrekturen in den Druckfahnen für die ersten [sic!] Drucklegung ... mit berücksichtigt» wurden (GA192, HDD2004, S.395), dürften diese Klammern nicht zum Vorgetragenen gehören.

3 In *Der Leuchter* stehen die zwei Namen auf S. 282 und 283.

Nachdem so der betreffende Herr auseinandergesetzt hat, wie schön manches in der Anthroposophie ist, fügt er dann hinzu: *«Um diese praktische Grundwahrheit rankt sich dann noch ein krauses Gewirr von angeblichen Erkenntnissen aus dem Leben der Seele, der Menschheit und des Kosmos, wie es einst in den umfassenden Systemen der Gnosis der Fall war, die einer ähnlich nach Tiefe und Seelenruhe suchenden Zeit geheimnisvolle Weisheit aus dem Osten anboten.»* (S.284)

Man kann natürlich nichts Unzutreffenderes sagen als dieses. Denn dass der Verfasser dieses als krauses Zeug bezeichnet, als «krauses Gewirr», das beruht ja lediglich darauf, dass er nicht den Willen hat, auf die mathematische Methode dieser Geisteswissenschaft einzugehen. Den Willen haben diejenigen meistens nicht, die nur aus der niedergehenden Erkenntnisart sich irgendwelche Vorstellungen gewinnen wollen. Und so erscheint ihm dasjenige, was gerade an der Disziplinierung des inneren Erlebens durch die Mathematik gewonnen ist, als krauses Gewirr.

Aber dieses «krause Gewirr», das es zu einer solchen mathematischen Klarheit, ja vielleicht sogar mathematischen Nüchternheit bringt, das ist es, was wesentlich ist, was vor jeder schwafelnden Mystik, vor jeder nebulosen Theosophie dasjenige bewahrt, was hier getrieben werden soll. Und ohne dieses sogenannte krause Gewirr lässt sich eine wirkliche Grundlegung für das zukünftige Geistesleben nicht gewinnen.

Gewiss, man hatte zu kämpfen, indem ja durch unsere sozialen Verhältnisse bis zur Gegenwart nur im engsten Kreis diese Geisteswissenschaft getrieben werden konnte. Man hatte mit dem zu kämpfen, was sehr oft dadurch erscheint, dass zumeist diejenigen Menschen, die jetzt Zeit haben, die nichts anderes als Zeit haben zu diesen geisteswissenschaftlichen Dingen, eben noch die alten, niedergehenden Denk- und Empfindungsgewohnheiten haben.

Und man hat daher so furchtbar zu kämpfen mit dem in diesen Kreisen so leicht sich breitmachenden Sektierertum, das natürlich in Wahrheit das Gegenteil desjenigen ist, was eigentlich gepflegt werden soll, und mit allerlei persönlichem Gezänk, das dann selbstverständlich als solches zu jenen Verleumdungssystemen führt, die ja gerade auf dem Boden dieser geisteswissenschaftlichen Bewegung so üppig ins Kraut geschossen sind.

Nun, wer aus solchen Symptomen heraus dasjenige betrachtet, was heute Geistesleben ist, der wird leicht dahin kommen können, sich zu sagen: Neuschöpfungen sind insbesondere auf dem Gebiet des geistigen Strebens notwendig.

Sehen Sie, der Ruf nach sozialer Lebensgestaltung ertönt in einer Zeit, in der eigentlich die Menschen im umfassendsten Sinne mit antisozialen Trieben und antisozialen Instinkten ausgestattet sind. Diese antisozialen Triebe und antisozialen Instinkte, sie zeigen sich ja ganz besonders auch im privaten Umgang der Menschen. Sie zeigen sich in dem, was Menschen heute den Menschen entgegenbringen beziehungsweise nicht entgegenbringen.

Sie zeigen sich darin, dass es ein Hauptmerkmal° ist, dass die Menschen aneinander vorbeidenken, aneinander vorbeireden und schließlich auch aneinander vorbeigehen. Eine instinktive Fähigkeit, den Menschen, der einem entgegentritt, wirklich verstehen zu wollen, ist in unserer Zeit etwas außerordentlich Seltenes.

Und nur eine Begleiterscheinung dieses seltenen sozialen Instinktes ist dann das andere: die Möglichkeit für den Menschen der Gegenwart, von irgendetwas überzeugt zu werden, worin er nicht durch soziale Lage, durch Erziehung, durch die Geburt eingeschraubt ist. Es können heute die schönsten Gedanken von Menschen ausgehen – es bestehen die größten Schwierigkeiten, dass die Menschen sich durch irgendetwas anregen lassen.

Die Menschen denken heute an dem Allerbesten vorbei. Das ist ein Grundmerkmal° unserer Zeit. Und als eine tatsächliche Folge davon – Sie wissen, ich habe neulich von der Tatsachenlogik gesprochen, die für die Gegenwart ein Wichtigstes ist im Gegensatz zur bloßen Gedankenlogik – ist heute in den Menschen eine Sehnsucht vorhanden, nicht innerlich aktiv die Dinge durchzuarbeiten, sondern sich Autoritäten und Empfindungstendenzen hinzugeben.

Die Menschen, die heute so viel von Autoritätsfreiheit reden, sind eigentlich im Grunde die autoritätsgläubigsten, sind Menschen, die sich intensiv nach Autorität sehnen.

Und so sehen wir heute – es wird nur nicht beachtet, weil so viele Leute seelisch schlafen – einen bedenklichen Zug unter denen, die in der Niedergangskultur drinnen stehen und keinen Ausweg aus dieser Niedergangskultur finden, den Zug, in den Schoß der alten katholischen Kirche zurückzukehren.

Würde man heute wissen, was alles in diesem Zug, in den Schoß der katholischen Kirche zurückzugehen, liegt, würde man sehr erstaunt sein. Würde aber dieser Zug weitere Verbreitung finden, dann würden wir es gerade unter den heutigen Verhältnissen in gar nicht zu ferner Zeit mit einem gewaltigen Übergang großer Menschenmassen in den Schoß der katholischen Kirche zu tun haben. Derjenige, der ein wenig die Eigenheiten unserer heutigen Kultur zu beobachten imstande ist, der weiß, dass solches uns droht.

Woher sind alle diese Dinge gekommen? Da muss ich Sie auf eine Grunderscheinung unseres gegenwärtigen sozialen Lebens aufmerksam machen. Da ist eine besondere Eigentümlichkeit dasjenige, was in den letzten Jahrhunderten sich verbreitet hat und immer größere und größere Dimensionen angenommen hat, was sich auch noch immer weiter verbreiten wird in denjenigen Ländern, die als zivilisierte Länder aus dem heutigen Chaos zurückble werden: Das ist die *technische Kulturnuance,* die beso dere technische Nuance, die in der neueren Zeit die Kultur angenommen hat.

Nun würde ich über dieses Kapitel besonders lange zu sprechen haben, werde es auch einmal tun, indem ich auf alle Einzelheiten von dem hinweisen werde, was ich jetzt nur wie einen Nebensatz anführen kann. Diese technische Kultur hat nämlich eine ganz bestimmte Eigenschaft: Sie ist ihrem Wesen nach eine durch und durch *altruistische* Kultur.

Das heißt: Technik kann sich nur ausbreiten in einer für die Menschheit günstigen Weise, wenn die Menschen, die innerhalb der Technik tätig sind, Altruismus, das Gegenteil von Egoismus, entwickeln. Die technische Kultur macht immer mehr und mehr notwendig – jeder Neuaufschwung der technischen Kultur zeigt es dem, der solche Dinge betrachten kann –, dass innerhalb der technischen Bewirtschaftung nur egoismusfrei gearbeitet werden kann.

Dem entgegen hat sich zugleich dasjenige entwickelt, was aus dem Kapitalismus heraus entstanden ist, der nicht notwendig mit der technischen Kultur verknüpft sein muss oder wenigstens verknüpft bleiben muss. Der Kapitalismus, wenn er *Privatkapitalismus* ist, kann gar nicht anders als *egoistisch* wirken, denn sein Wesen besteht aus egoistischem Wirken.

So begegnen sich in der neueren Zeit zwei Strömungen, die in diametralem Gegensatz zueinander stehen:

- die moderne *Technik,* die egoismusfreie Menschen fordert, und
- der aus den alten Zeiten heraufgekommene *Privatkapitalismus,* der nur unter Geltendmachung der egoistischen Triebe gedeihen kann.

Das, sehen Sie, hat uns in die Lage der Gegenwart hineingetrieben. Und herausbringen wird uns nur ein Geistesleben, das den Mut hat, mit allem möglichen Alten zu brechen.

Es gibt ja heute viele Menschen, die denken nach: Wie muss die künftige Volksbildung, die Volksschulbildung sein? Wie muss die weitere Berufsbildung der Menschen sein? – und so weiter.

Diesen Menschen gegenüber ist vor allen Dingen die Frage aufzuwerfen, namentlich wenn wir das Kapitel Volksbildung betrachten:

> Nun gut, wenn ihr den besten Willen habt, das ganze Volk für eine «Volksbildung» heranzuziehen: Könnt ihr es denn, wenn ihr innerhalb der heutigen Bildungs- und Geistesverhältnisse stehen bleibt? Habt ihr das Material dazu? Was könnt ihr denn eigentlich nur? Ihr könnt aus euren Grundsätzen

heraus, die vielleicht gut sozialistisch sind, für die breitesten Massen Schulen gründen, Volkshochschulen begründen. Ihr könnt alles das einrichten, was ihr eben aus dem guten Willen heraus einrichtet. Aber habt ihr das Material dazu, um dasjenige, was ihr mit gutem Willen verbreiten wollt, wirklich zum Volksgut zu machen? Ihr sagt uns: «Wir gründen Büchereien, Theater- und Musikaufführungen, Ausstellungen, Vortragsreihen, Volkshochschulen!» Man muss euch aber fragen: Welche Bücher stellt ihr denn in eure Büchereien hinein? Was für eine Wissenschaft vertreibt ihr in euren Vortragsreihen? Diejenigen Bücher stellt ihr in eure Büchereien hinein, die aus der niedergehenden bürgerlichen Bildung heraus sind. Von denjenigen Leuten lasst ihr die Wissenschaft in Volkshochschulen betreiben, die aus der niedergehenden bürgerlichen Bildung hervorgegangen sind. Ihr reformiert formell das Bildungswesen, aber ihr schüttet hinein in eure neuen Formen dasjenige, was ihr als Altes übernehmt. Ihr sagt zum Beispiel: «Wir haben uns längst bestrebt, die Volksbildung demokratisch zu gestalten.» Die Staaten haben sich bisher aber ablehnend dagegen verhalten, denn sie wollten gute Staatsdiener in den Menschen erziehen. Ja, ihr lehnt es ab, gute Staats-

> diener zu erziehen, aber ihr lasst das Volk von diesen Staatsdienern erziehen, denn ihr habt ja nichts anderes bis jetzt, worauf ihr das Augenmerk richtet, als diese Staatsdiener, deren Bücher ihr in eure Büchereien hineinstellt, deren wissenschaftliche Denkungsweise ihr in Vortragsreihen an den Mann bringen lasst, deren ganze Denkgewohnheiten eure Hochschulen durchfluten.

Sie sehen daraus: Die Sache muss in dieser ernsten Zeit viel, viel tiefer angefasst werden, viel tiefer, als sie heute von der einen oder anderen Seite angefasst wird.

Wir wollen einmal auf Einzelheiten, um einiges zur Deutlichkeit zu bringen, hinsehen. Wir wollen bei dem beginnen, was wir zunächst die *Volksschule* nennen.

Ich rechne zur Volksschule gehörig alles, was dem Menschen beigebracht werden kann, wenn er der bloßen Familienerziehung entwachsen ist und zu dieser Familienerziehung die Schule als Erziehungs- und Unterrichtsanstalt dazutreten muss.

Für denjenigen, der die menschliche Natur kennt, ist klar, dass für keinen werdenden Menschen diese Schulbildung in das menschliche Entwicklungssystem eher eingreifen sollte als ungefähr um die Zeit, wenn der Zahnwechsel vorüber ist. Das ist ein ebenso wissenschaftliches Gesetz wie andere wissenschaftliche Gesetze. Würde man, statt sich nach Schablonen zu richten, sich nach dem Wesen des Menschen richten, dann würde man als Vorschrift nehmen, dass der Schulunterricht der Kinder mit dem Ablauf des Zahnwechsels zu beginnen hat.

Nur handelt es sich dann darum, nach welchen Grundsätzen dieser Schulunterricht der Kinder zu leiten ist. Wir müssen dabei im Auge haben, dass wer wirklich mit der aufsteigenden Kulturentwicklung zu denken und zu streben vermag, heute gar nichts anderes kann als für die Grundsätze, die für Schulerziehung und Schulunterricht Geltung haben müssen, das anzuerkennen, was in der menschlichen Natur selbst liegt.

Erkenntnis der menschlichen Natur vom Zahnwechsel bis zur Geschlechtsreife – das muss allen Prinzipien der sogenannten Volksschulbildung zugrunde liegen.

Aus diesem und vielem Ähnlichen werden Sie erkennen können, dass sich ja, wenn man von dieser Unterlage ausgeht, nichts anderes ergeben kann als eine *Einheitsschule* für alle Menschen. Denn selbstverständlich, diese Gesetze, die sich in der menschlichen Entwicklung ungefähr zwischen dem 7. und dem 14. bis 15. Jahr abspielen, diese Gesetze sind für alle Menschen die gleichen.

Und nichts anderes dürfte in Frage kommen, als durch die Erziehung und den Unterricht die Frage zu beantworten: Wie weit muss ich einen Menschen als Menschen bringen bis in sein 14., 15. Jahr hinein? Das allein heißt volkspädagogisch denken. Das allein aber heißt auch in wirklich modernem Sinne über das Unterrichtswesen denken.

Dann aber ergibt sich, dass man heute nimmermehr an der Notwendigkeit vorbeikommen wird, in gründlicher, radikaler Weise mit dem alten Schulsystem zu brechen, dass man ernsthaft wird darauf losgehen müssen, dasjenige, was an die Kinder in den angedeuteten Jahren heranzubringen ist, nach der Entwicklung des werdenden Menschen einzurichten.

Dazu wird eine gewisse Grundlage geschaffen werden müssen, etwas, was, wenn sozialer guter Wille vorhanden ist, nicht irgendeine nebulose Idee der Zukunft sein wird, sondern sogleich praktisch in Angriff genommen werden kann. Es wird vor allen Dingen dadurch die Grundlage geschaffen werden müssen, dass das gesamte Prüfungs- und Schulwesen für Lehrer selbst absolut umgeändert wird.

Wenn heute der Lehrer geprüft wird, so ist es oftmals so, dass man nur feststellt°, ob er dasjenige weiß, was er, wenn er ein bisschen geschickt ist, auch wenn er es nicht weiß, später im Konversationslexikon oder Handbuch nachlesen kann. Das kann man bei der *Lehrerprüfung* ganz auslassen. Damit aber wird der größte Teil dessen wegfallen, was heute der Inhalt der Lehrerprüfungen ist.

Denn bei dem, was an die Stelle der heutigen Prüfungen° zu treten hat, wird festzustellen° sein, ob der Mensch, der es mit der Erziehung und dem Unterricht werdender Menschen zu tun hat, ob der eine persönlich aktive, für den werdenden Menschen ersprießliche Beziehung zu diesen werdenden Menschen herstellen kann, ob er mit seiner ganzen «Mentalität»[+] in die Seelen und in die ganze Wesenheit des werdenden Menschen untertauchen kann.

Dann wird er nicht Leselehrer, Rechenlehrer, Zeichenlehrer und so weiter sein, sondern dann wird er der wirkliche Bildner des werdenden Menschen sein können. Darauf wird zu sehen sein bei allen künftigen sogenannten Prüfungen, die sich anders ausnehmen werden als die Prüfungen von heute sich ausnehmen: dass das Lehrpersonal wirklich Bildner des werdenden Menschen sein kann.

Das heißt, der Lehrer wird wissen: Ich muss dieses oder jenes an den Menschen heranbringen, wenn er denken lernen soll. Ich muss dieses oder jenes an den Menschen heranbringen, wenn er die Gefühlswelt ausbilden soll – die übrigens mit der Gedächtniswelt innig verwandt ist, was die wenigsten Menschen heute wissen, weil die meisten Gelehrten heute die schlechtesten Psychologen sind. Der Lehrer muss wissen, was er an den Menschen heranzubringen hat, wenn der Wille so ausgebildet werden soll, dass er aus den Keimen, die er zwischen dem 7. und 15. Jahr aufnimmt, für das ganze Leben kraftvoll bleiben kann.

Willensbildung wird erzielt, wenn alles dasjenige, was praktische Körper- und Kunstübungen sind, so getrieben wird, dass es der werdenden Wesenheit des Menschen angepasst ist. *Der Mensch* wird dasjenige sein, worauf hingerichtet werden muss die Sorgfalt desjenigen, der der Lehrer werdender Menschen ist.

Und so wird sich erweisen, wie man alles dasjenige verwenden kann, was konventionelle Menschenkultur ist: Sprechen, Lesen, Schreiben. Das kann man in diesen Jahren am besten verwenden, um gerade *das Denken* des werdenden Menschen auszubilden. Das Denken ist das Äußerlichste am Menschen, so sonderbar das heute klingt, und es muss gerade an dem ausgebildet werden, was uns in den sozialen Organismus hineinstellt.

Denken Sie doch nur, dass der Mensch durch seine Geburt keine Anlagen zu dem auf die Welt bringt, was Lesen und Schreiben ist, sondern dass das auf dem Zusammenleben der Menschen beruht. Und so wird gerade für die Ausbildung des Denkens verhältnismäßig früh ein vernünftiger Sprachunterricht eintreten müssen – natürlich nicht derjenigen Sprachen, die man in alter Zeit gesprochen hat, sondern derjenigen Sprachen, die die heutigen Kulturvölker sprechen, mit denen man zusammenlebt.

Sprachunterricht in vernünftiger Weise, nicht in Anknüpfung an die grammatikalischen Tollheiten, die heute in den Mittelschulen getrieben werden, Sprachunterricht muss von der untersten Schulstufe an getrieben werden.

Dann wird es sich darum handeln, dass in bewusster Art

solcher Unterricht getrieben wird, der auf *das Fühlen* und das damit verbundene Gedächtnis geht.

Während alles dasjenige – und Kinder können in dieser Beziehung außerordentlich viel aufnehmen, wenn man es nur richtig macht –, was sich auf Arithmetik, Rechnen, Geometrie bezieht, mitten drinnen steht zwischen dem Denkerischen und dem Gefühlsmäßigen, wirkt auf das Gefühlsmäßige alles dasjenige, was durch *das Gedächtnis* aufzunehmen ist, also alles dasjenige, was zum Beispiel als Geschichtsunterricht zu erteilen ist, was als Unterricht in der Mitteilung der Fabelwelt zu erteilen ist und so weiter. Ich kann die Dinge nur andeuten.

Dann aber handelt es sich darum, schon in diesen Jahren insbesondere *Willenskultur* zu treiben. Dazu ist in Anspruch zu nehmen alles, was Körper- und Kunstübungen sind. Darin wird man in diesen Jahren ganz Neues brauchen.

Der Anfang dazu ist in dem gemacht, was wir die *Eurythmie* nennen. Sie sehen heute viel von Körperkultur in Dekadenz, im Niedergang, was vielen Leuten gefällt. Dahinein wollen wir etwas stellen, wofür wir hier bisher nur Gelegenheit gehabt haben, es den Arbeitern der Waldorf-Astoria zu zeigen durch das verständnisvolle Behandeln unserer Fragen vonseiten unseres lieben Herrn Molt. Dahinein wollen wir etwas stellen, was nun wirklich, wenn es dem werdenden Menschen statt des bisherigen bloß körperlichen Turnens beigebracht wird, beseelte Körperkultur ist.

Diese kann aber einen solchen Willen erzeugen, der einem dann durch das Leben bleibt, während alle andere Willenskultur die Eigentümlichkeit hat, dass sie im Laufe des Lebens durch die verschiedenen Vorkommnisse und Erfahrungen des Lebens wiederum abgeschwächt wird.

Insbesondere auf diesem Gebiet wird aber rationell vorzugehen sein. Da wird man im Unterrichtswesen Verbindungen schaffen, an die heute noch keiner denkt – zum Beispiel Zeichenunterricht mit Geografie.

Es würde von ungeheurer Bedeutung für den werdenden Menschen sein, wenn er auf der einen Seite wirklich verständigen Zeichenunterricht bekäme, aber in diesem Zeichenunterricht dazu angeleitet würde, nun, sagen wir, den Globus von den verschiedensten Seiten her zu zeichnen, die Gebirgs- und Flussverhältnisse der Erde zu zeichnen und dann wiederum selbst Astronomisches, das Planetensystem und so weiter, zu zeichnen.

Selbstverständlich wird man das in die richtigen Jahre hineinverlegen müssen, nicht beim siebenjährigen Kind anfangen. Aber vor dem Ablauf des 14., 15. Jahres ist es nicht nur möglich, sondern es ist dasjenige, was ungeheuer wohltätig auf den werdenden Menschen wirkt, wenn es in der richtigen Weise gemacht wird, vielleicht vom 12. Jahr an.

Für die *Gemüts-* und *Gedächtnisbildung* wird dann notwendig sein, schon in dem jüngsten Menschen eine lebendige Naturanschauung zu entwickeln.

Diese lebendige Naturanschauung, Sie wissen, wie ich oftmals darüber gesprochen habe und wie ich mancherlei Betrachtungen in die Worte zusammengefasst habe: Es gibt leider heute innerhalb der Stadtbevölkerung zahlreiche Menschen, die nicht unterscheiden können, wenn sie auf das Feld hinausgeführt werden, einen Weizen von einem Roggen.

Es kommt nicht auf die Namen an, aber auf das lebendige Verhältnis zu den Dingen kommt es an. Es ist etwas Ungeheures für den, der die menschliche Natur überblicken kann, was da dem Menschen verloren geht, wenn er nicht zur rechten Zeit solche Unterscheidungen lernt, wenn er nicht lernt[+], Weizenkorn von Roggenkorn zu unterscheiden. Es umfasst, was hier gemeint ist, natürlich sehr, sehr vieles.

Das, was ich jetzt in didaktisch-pädagogischer Art für den Volksschulunterricht auseinandergesetzt habe, das wird nach der Tatsachenlogik etwas ganz Bestimmtes im Gefolge haben, das nämlich, dass nichts in den Unterricht hineinspielen wird, was nicht in der einen oder anderen Form für das ganze Leben erhalten bleibt, während heute in der Regel nur dasjenige in dieser rechten Art hineinspielt, was sich in den Fähigkeiten verdichtet°.

Das, was man im Lesenlernen treibt, verdichtet° sich in der Fähigkeit des Lesenkönnens, was man im Rechnenlernen treibt, verdichtet° sich in der Fähigkeit des Rechnenkönnens. Aber bedenken Sie, wie das mit Bezug auf Dinge ist, die mehr auf Gefühl und Gedächtnis gehen. Da lernen die heutigen Kinder eigentlich unendlich viel, nur um es zu vergessen, nur um es dann im Leben nicht zu haben.

Das wird dasjenige sein, was die Zukunftserziehung ganz besonders auszeichnen wird: dass all die Dinge, die an das Kind herangebracht werden, auch für das ganze Leben im Menschen bleiben werden.

Nun, wir kommen dann zu der Frage: Was ist mit dem Menschen zu machen, wenn er die eigentliche Einheitsvolksschule überwunden hat und in das weitere Leben hinaufsteigt?

Sehen Sie, da handelt es sich darum, dass all das Ungesunde des alten Geisteslebens überwunden werden muss, das gerade von der Bildungsseite her die furchtbare Kluft zwischen den Menschenklassen aufreißt.

Ja, sehen Sie, die Griechen, die Römer, sie haben sich eine Bildung aneignen können, die aus *ihrem* Leben heraus war, die sie daher auch mit *ihrem* Leben verband.

In unserer Zeit ist nichts da, was uns Menschen mit unserem ganz andersartigen Leben in den wichtigsten Jahren verbindet, sondern viele Menschen, die dann in leitende, führende Lebenslagen hineinkommen, die lernen heute dasjenige, was die Griechen und Römer gelernt haben! Sie werden dadurch aus dem Leben herausgerissen, und noch dazu sind es die geistig unökonomischsten Dinge, die es nur geben kann.

Wir sind heute an einem Punkt in der Menschheitsentwicklung angekommen – das wissen nur die Menschen nicht –, wo es für unser Verhältnis zum Altertum absolut unnötig ist, dass wir in diesem Altertum besonders erzogen werden. Denn schon seit langem ist dasjenige, was die allgemeine Menschheit von dem Altertum braucht, in solcher Weise unserer Bildung einverleibt, dass wir es uns aneignen können auch wenn wir nicht dressiert werden, durch viele Jahre in einer uns fremden Atmosphäre zu leben.

Dasjenige, was man aus dem Griechen- und Römertum haben soll, es kann ja noch vervollkommnet werden, ist auch in der letzten Zeit vervollkommnet worden, aber das ist Gelehrtensache, das hat nichts mit der allgemeinen sozialen Bildung zu tun. Dasjenige aber, was für die allgemeine soziale Bildung aus dem Altertum aufzunehmen ist, das ist so sehr durch die Geistesarbeit der vergangenen Zeit zum Abschluss gekommen, ist so sehr da, dass wenn man nur richtig nimmt, was da ist, man heute nicht Griechisch und Lateinisch zu lernen braucht, um sich in das Altertum zu vertiefen. Man braucht es gar nicht, und für wichtige Dinge hilft es einem nichts.

Ich erinnere nur daran, wie ich nötig hatte, damit nicht auf diesem Gebiet zu schlimme Missverständnisse entstehen, zu sagen, dass der Herr Wilamowitz ganz gewiss ein sehr bedeutender Kenner des Griechischen ist, dass er aber die griechischen Dramen so übersetzt hat, dass es schauderhaft, grässlich schauderhaft ist, während natürlich die ganze Publizistik und Gelehrsamkeit der Gegenwart diese Übersetzungen bewundert.

Das wird man lernen müssen: In dieser Zeit den Menschen an dem Leben teilnehmen zu lassen. Und Sie werden sehen, wenn wir in dieser Zeit die Bildung so schaffen, dass der Mensch am Leben teilnehmen kann, und wir zugleich doch in der Lage sind, ökonomisch mit dem Unterricht zu verfahren, dann kann es so sein, dass wir wirklich dem Menschen eine lebendige Bildung beibringen können.

Und das wird es auch möglich machen, dass auch derjenige, der nach der Handarbeit hin tendiert, an dieser Lebensbildung teilnehmen kann, die nach dem 14. Lebensjahr einzusetzen hat. Die Möglichkeit muss geschaffen werden, dass auch diejenigen, die sich früh irgendeinem Handwerk oder einer Handarbeit zuwenden, an dem teilnehmen können, was zu einer *Lebensauffassung* führt.

Vor dem 21. Jahr darf in der Zukunft nichts an den Menschen herangebracht werden, was nur Forschungsergebnis ist, was nur von der Spezialisierung im Wissenschaftlichen herkommt. Für diese Zeit muss dasjenige in den Unterricht aufgenommen werden, was reif verarbeitet ist.

Da kann man dann ungeheuer ökonomisch zu Werke gehen. Man muss nur in der Pädagogik einen Begriff davon haben, was pädagogisch-didaktische Ökonomie bedeutet.

Da darf man vor allen Dingen nicht faul sein, wenn man pädagogisch ökonomisch arbeiten will.

Ich habe Sie öfter auf Erfahrungen aufmerksam gemacht, die ich persönlich gemacht habe. Mir wurde ein etwas schwachsinniger junger Mensch in seinem 11. Lebensjahr übergeben. Es ist mir gelungen, ihn durch pädagogische Ökonomie nach zwei Jahren über dasjenige hinauszubringen, was er bis zu seinem 11. Jahr versäumt hatte, wo er überhaupt noch gar nichts konnte.

Aber nur dadurch war ich damals dazu imstande, dass ich sein Leibliches und Seelisches so berücksichtigte, dass im Unterricht in der denkbar ökonomischsten Weise vorgegangen worden ist. Das wurde oftmals dadurch erreicht, dass ich selber drei Stunden zur Vorbereitung verwendet habe, um den Menschen so zu unterrichten, dass ich irgendetwas, was sonst stundenlang gedauert hätte, in ihn hineinzubringen, in einer halben oder einer Viertelstunde hineinbringen konnte, weil das für seinen leiblichen Zustand notwendig war.

Sozial gedacht kann man hinzufügen: Ich war damals genötigt, das alles an einen einzigen Knaben zu wenden, neben dem drei andere hergingen, die nicht in dieser Weise zu behandeln waren.

Aber denken Sie, wenn wir eine vernünftige soziale Erziehungsweise hätten, so würde man ja eine ganze Reihe solcher Leute behandeln können, denn ob man einen oder vierzig Knaben in dieser ökonomischen Weise behandeln muss, das macht nichts aus. Ich würde nicht jammern über die Anzahl der Schüler in der Schule. Das aber, dieses Nichtjammern, das hängt mit dem Prinzip der Ökonomie im Unterricht zusammen.

Nur muss man wissen: Bis in das 14. Jahr hinein urteilt der Mensch nicht, und wenn man ihn zum Urteilen anhält, so zerstört man sein Gehirn. Die heutige Rechenmaschine, die das Urteil anstelle des gedächtnismäßigen Rechnenlernens setzt, ist ein Unfug in der Pädagogik. Sie zerstört das menschliche Gehirn, sie macht es dekadent.

Das Urteil des Menschen kann man erst vom 14. Lebensjahr ab pflegen. Da müssen dann diejenigen Dinge im Unterricht auftreten, welche an das Urteil appellieren. Da können daher alle diejenigen Dinge auftreten, welche sich zum Beispiel auf die logische Erfassung der Wirklichkeit beziehen.

Und Sie werden sehen, wenn in der Zukunft in den Bildungsanstalten der Tischler- oder Maschinenlehrling mit demjenigen zusammensitzt, der vielleicht selber Lehrer wird, dann wird sich auch da etwas ergeben, was zwar eine spezialisierte, aber doch noch immer eine Einheitsschule ist. Nur wird in dieser Einheitsschule alles das drinnen sein, was für das Leben drinnen sein muss. Und wenn es nicht drinnen wäre, würden wir in das soziale Unheil noch stärker hineinkommen, als wir jetzt drinnen sind.

Lebenskunde muss aller Unterricht geben. Zu lehren wird sein auf der Altersstufe vom 15. bis 20. Jahr, aber in vernünftiger, ökonomischer Weise, alles dasjenige, was sich auf die Behandlung des Ackerbaus, des Gewerbes, der Industrie, des Handels bezieht.

Es wird kein Mensch durch dieses Lebensalter durchgehen dürfen, ohne dass er von dem eine Ahnung bekommt, was beim Ackerbau, im Handel, in der Industrie, im Gewerbe geschieht. Diese Dinge werden als Disziplinen aufgebaut werden müssen, die unendlich viel notwendiger sind als vieles Zeug, das jetzt den Unterricht dieser Lebensjahre ausfüllt.

Dann werden in diesem Lebensalter alle diejenigen Dinge aufzutreten haben, die ich jetzt nennen möchte *Weltanschauungssache.* Dazu wird gehören vor allen Dingen Geschichtliches und Geografisches, alles dasjenige, was sich auf Naturerkenntnis bezieht, aber immer mit Bezug auf den Menschen, so dass der Mensch den Menschen aus dem Weltall heraus kennenlernen wird.

Unter so unterrichteten Menschen werden dann solche sein, die, wenn sie durch die übrigen sozialen Verhältnisse dazu getrieben werden, «Geistesarbeiter» zu werden, in den spezial-geistesarbeiterischen Schulen auf allen möglichen Gebieten ausgebildet werden können.

Sehen Sie, in diesen Anstalten, wo heute die Leute fachmännisch ausgebildet werden, wird ungeheuer unökonomisch verfahren. Ich weiß, dass das viele nicht zugeben werden, aber es wird ungeheuer unökonomisch verfahren, und vor allen Dingen werden die kuriosesten, aus der niedergehenden Weltanschauung herauskommenden Anschauungen geltend gemacht.

Ich erlebte es noch mit: Da fingen die Leute an, für die historisch-literaturgeschichtlichen Disziplinen in den Universitäten für die Umgestaltung des Vorlesungswesens in das *Seminarwesen* zu schwärmen. Und heute können wir noch erfahren, dass gesagt wird: Vorlesungen sollten einen möglichst geringen Raum einnehmen, aber es sollte viel Seminar getrieben werden.

Diese Seminare, man kennt sie: Es finden sich treue Anhänger des Dozenten zusammen, welche streng nach den Angaben dieses Dozenten lernen, wie man sagt, «wissenschaftlich arbeiten». Sie machen da ihre Arbeiten und werden richtig geistig abgerichtet. Und die Folgen dieser geistigen Abrichtung, die erlebt man schon. Es tendiert immer auf das geistige Abrichten hin.

Es ist etwas ganz anderes, wenn der Mensch in diesen Lebensjahren, wo er zur Fachbildung schreiten soll, in freier Weise vernünftig Vorgetragenem zuhört und dann Gelegenheit hat, in freier Auseinandersetzung, allerdings in Anknüpfung an vortraglich Auseinandergesetztes, sich zu ergehen.

Übungen können sich schon anschließen, aber der Unfug des Seminars, der muss aufhören. Der ist gerade eine Sumpfpflanze der zweiten Hälfte des 19. Jahrhunderts, die auf Dressur ging und nicht auf freie Entwicklung des Menschen.

Vor allen Dingen aber muss, wenn von dieser Bildungsstufe die Rede ist, gesagt werden, dass ein gewisser Grundstock der Bildung für die Menschen aller Klassen derselbe sein muss. Ob ich Mediziner, ob ich Jurist, ob ich Lehrer werden soll, das gehört auf die eine Seite. Daneben muss jeder dasjenige aufnehmen, was *allgemeine Menschenbildung* ist.

Diese muss man Gelegenheit haben, aufzunehmen, ob man nun Mediziner oder Maschinenbauer oder Architekt oder Chemiker oder Ingenieur wird. Man muss Gelegenheit haben, dieselbe allgemeine Bildung aufzunehmen, ob man Hand- oder geistiger Arbeiter wird.

Das ist bis heute wenig berücksichtigt worden. Es ist ja allerdings schon manches an einigen höheren Schulen gegenüber früheren Zeiten besser geworden. Als ich seinerzeit in Wien an der technischen Hochschule war, da trug ein Professor allgemeine Geschichte vor. Er fing an, diese allgemeine Geschichte in jedem Semester einmal vorzutragen. Nach der dritten oder fünften Vorlesung hörte er auf. Dann war schon niemand mehr da.

Dann gab es einen Professor für Literaturgeschichte an jener technischen Hochschule. Das waren so die Mittel, um neben dem, was fachlich war, auch etwas Allgemeinmenschliches aufzunehmen.

In diese Vorlesung über Literaturgeschichte, an die sich, wenn sie zustande kam, Übungen im Reden, im mündlichen Vortrag angeschlossen haben, wie sie zum Beispiel auch Uhland noch getrieben hat, in diese Literaturvorlesung, da musste ich immer einen hineinschleifen, denn nur wenn zwei drinnen waren, wurde sie gelesen. Aber man konnte sie nur dadurch aufrechterhalten, dass man noch einen hineinschleifte. Es war sogar fast jedes Mal ein anderer.

Außerdem wurde noch durch Vortrag über Staatsrecht, über Statistik für dasjenige im Grunde genommen gesorgt, was der Mensch für allgemeine Lebensverhältnisse braucht. Wie gesagt, solche Dinge sind besser geworden, aber das ist noch nicht besser geworden, was als Impetus (Stoßkraft) in unserem ganzen sozialen Leben vorhanden sein soll.

Es wird aber besser werden, wenn man mit Bezug auf all dasjenige, was allgemeinmenschlich bilden soll, die Möglichkeit schafft, dass es nicht so gestaltet wird, wie es nur für den verständlich ist, der eine bestimmte fachliche Grundlage hat, sondern wie es allgemeinmenschlich verständlich ist.

Ich habe mich öfter gewundert, dass die Menschen meine anthroposophischen Vorträge so verschimpft haben. Denn wenn die Menschen auf das Positive gegangen wären, hätten sie sagen können: Nun, was da drinnen «Anthroposophie» ist, um das kümmern wir uns nicht. Aber was der alles mit Bezug auf naturwissenschaftliche Dinge sagt, die man ungeheuer lobt, wenn sie von bloß Natur-Gelehrten entgegengebracht werden, das genügt im Grunde genommen schon.

Denn Sie wissen: Alle diese Vorträge sind eigentlich immer mit Popularisierungen gerade von Naturerkenntnissen durchspickt gewesen. Aber es ging vielen Menschen nicht darum, das Positive entgegenzunehmen, sondern das, was sie nicht haben wollten, zu verschimpfen.

Das, was sie nicht haben wollten, das war aber gerade durch die Denkformung, durch die ganze Behandlung geeignet, auch alles, was zum Beispiel naturwissenschaftlich notwendig ist, für ein allgemein zu bildendes menschliches Wissen mitzunehmen, sodass der Handwerker es so gut haben könnte wie der Gelehrte, weil es auch als Naturwissenschaftliches allgemein verständlich war.

Sehen Sie sich die anderen Weltanschauungsbestrebungen an. Glauben Sie, dass zum Beispiel in den Monistenversammlungen die Leute etwas verstehen können, wenn sie nicht eine naturwissenschaftliche Grundlage haben? Nein, sie schwatzen nur mit, wenn sie die nicht haben.

Das, was hier als Anthroposophie getrieben wurde, ist etwas, was die Naturerkenntnis, auch die historische Erkenntnis, so umwandeln kann, dass sie jedem verständlich werden kann.

Denken Sie doch nur, wie für jeden dasjenige verständlich sein kann, was ich historisch immer als einen großen Sprung in der Mitte des 15. Jahrhunderts entwickelt habe. Das wird, denke ich, jedem verständlich.

Das ist aber die Grundlage, ohne die man die ganze soziale Bewegung der Gegenwart überhaupt nicht verstehen kann. Darum verstehen die Menschen diese ja nicht, weil sie nicht wissen, wie die Menschheit seit der Mitte des 15. Jahrhunderts geworden ist.

Wenn man solche Dinge entwickelt, dann kommen die Menschen und erklären einem: «Die Natur macht doch keine Sprünge! Also, du hast unrecht, wenn du einen solchen Entwicklungssprung im 15. Jahrhundert annimmst.» Dieser blödsinnige Satz, die Natur mache keine Sprünge, wird immer wieder tradiert.

Die Natur macht fortwährend Sprünge: den Sprung vom grünen Laubblatt zum anders geformten Kelchblatt, den Sprung vom Kelchblatt zum Blütenblatt. So ist auch die Entwicklung des Menschenlebens. Wer nicht nach der unsinnigen konventionellen Geschichtslüge Geschichte lehrt, sondern nach dem, was wirklich vorgegangen ist, der weiß, dass die ganze feinere Konstitution des Menschen in der Mitte des 15. Jahrhunderts anders geworden ist, als sie vorher war.

Und das, was sich heute vollzieht, ist das Sichausleben desjenigen, was seit jener Zeit die Menschheit in ihrem Zentrum ergriffen hat. Will man verstehen, was heute soziale Bewegung ist, so muss man solche Gesetze in der geschichtlichen Entwicklung erkennen.

Nun brauchen Sie sich nur an die Art zu erinnern, wie die Dinge hier getrieben werden, so werden Sie sich sagen: Dazu ist nicht ein Spezialwissen oder im alten Sinne ein gebildeter Mensch zu sein nötig, um sie zu verstehen. Es kann sie jeder verstehen.

Das gerade wird das Erfordernis für die Zukunft sein, dass man nicht Philosophien, Weltanschauungen entwickelt, die nur derjenige verstehen kann, der eine bestimmte klassenmäßige Bildung durchgemacht hat.

Nehmen Sie doch heute irgendetwas Philosophisches in die Hand, sagen wir von Eucken, von Paulsen oder irgendetwas, woraus Sie sich unterrichten wollen, oder eine jener Universitätspsychologien. Wenn Sie diese Schreckensbücher in die Hand nehmen, werden Sie sie bald wieder aus der Hand legen. Denn diejenigen, die nicht fachmännisch von einer gewissen Seite her dressiert sind, verstehen ja nicht einmal die Sprache, die da drinnen angewendet wird.

Aber dasjenige, was ein Allgemeinbildendes ist, ist nur zu erreichen, wenn wir das ganze Erziehungs- und Unterrichtswesen in dem Sinne gründlich umgestalten, wie ich es heute anzudeuten versuchte.

Sie sehen, auch für dieses Gebiet kann man sagen: Die große Abrechnung ist da, nicht eine kleine Abrechnung.

Dasjenige, was kommen muss, das ist, dass im Unterrichten, im Erziehen, soziale Triebe entwickelt werden oder, besser gesagt, soziale Instinkte, so dass der Mensch nicht am Menschen vorbeigeht – heute gehen die Lehrer an den Schülern vorbei und die Schüler am Lehrer –, dann werden sich die Menschen voll verstehen, so dass ein lebensfähiges Verhältnis entwickelt wird.

Das kann aber nur geschehen, wenn man einmal einen Strich macht unter das Alte. Und er *kann* gemacht werden. Es ist das durchaus nicht aus den Tatsachen heraus unmöglich, sondern es wird nur aus den menschlichen Vorurteilen heraus zurückgewiesen. Die Menschen können sich gar nicht denken, dass einmal die Dinge auch anders als bisher gemacht werden können.

Die Leute haben eine Riesenangst, dass sie irgendetwas von dem Alten verlieren könnten gerade auf dem Gebiet des Geisteslebens. Man glaubt gar nicht, was die Leute für eine heillose Angst davor haben. Natürlich, sie können ja auch die Dinge nicht überschauen, sie können zum Beispiel nicht überschauen, was durch ein ökonomisches Unterrichten geleistet werden kann.

Ich habe es oftmals gesagt: In 3 bis 4 Stunden – es müsste nur das richtige Lebensalter gewählt werden –, in 3 bis 4 Stunden kann man junge Leute vom Anfang der Geometrie, der geraden Linie und dem Winkel, bis zum[+] pythagoräischen Lehrsatz führen. Und Sie hätten sehen sollen, wenn das von mir versucht worden ist, was die Leute für eine Riesenfreude hatten, wenn ihnen plötzlich der pythagoräische Lehrsatz als Folge von 3 bis 4 Stunden Unterricht aufging. Aber denken Sie doch einmal, was oft für Unfug getrieben wird, bevor die Leute im heutigen Unterricht an diesen Lehrsatz herankommen!

Es handelt sich darum, dass wir ungeheuer viel geistige Arbeit verschwendet haben. Und das zeigt sich dann im Leben, das strahlt aus auf das ganze Leben. Das strahlt bis in die allerpraktischsten Gebiete des Lebens hinein.

Heute ist es notwendig, dass die Menschen sich entschließen, in diesen Dingen bis in die Fundamente hinein umzudenken. Anders kommen wir bloß weiter in den Niedergang hinein, niemals aber zum Aufstieg.

Nun, über diese Dinge hoffe ich, in der nächsten Zeit wiederum zu Ihnen sprechen zu können.

Zweiter Vortrag

Die Zeichen der Zeit
als Erzieher des Erziehers

Stuttgart, 18. Mai 1919

Meine lieben Freunde!

Nicht in dem Sinne, den man gewöhnlich meint, wenn man von der Fortsetzung einer Betrachtung spricht, werde ich heute an dasjenige anknüpfen, was ich letzten Sonntag hier vorgebracht habe.

Damals versuchte ich, soweit das in skizzenhafter Art möglich war, in vorläufiger, formal-pädagogischer Weise auseinanderzusetzen, wie die Gliederung eines vom Staats- und Wirtschaftsleben abgesonderten Geistes- und Unterrichtslebens zu denken sei – wie dann, wenn eine solche Absonderung eintritt, in anderer Weise als bisher die einzelnen sogenannten Lehrfächer zur Ausgestaltung desjenigen verwendet werden müssten, was sich für den Unterrichtenden, den Erziehenden als eine Art anthropologischer Pädagogik, besser gesagt, als eine Art anthropologisch-pädagogischer Wirksamkeit ergeben müsste.

Schon damals bemerkte ich, dass für die Zukunft ein Wesentliches die Lehrerausbildung sein wird und namentlich die Prüfung dessen, was ergeben soll, ob irgendeine Persönlichkeit zum Lehrer oder Erzieher taugt.

Ich will die unmittelbare Fortsetzung der formal-pädagogischen Dinge einer späteren Betrachtung aufsparen. Ich will nun heute in einer ganz anderen Weise versuchen, Ihnen die Fortsetzung des Vorigen zu geben.

Ich will versuchen, Ihnen anzudeuten, wie ich mir aus den Kräften der Zeitentwicklung heraus denken muss, dass heute etwa, sagen wir, auf *Lehrerversammlungen* oder bei ähnlichen Anlässen, die wirklich der Zeit dienen wollen, gesprochen werden müsste.

Es ist in unserer Gegenwart tatsächlich so, dass wenn wir aus Wirrnis und Chaos herauskommen wollen, in vielen Dingen heute ganz anders gesprochen werden müsste, als man sich nach den Denkgewohnheiten, die überkommen sind, vorstellt.

Heute redet man ja auch auf Lehrerversammlungen, wie naheliegende Beispiele Ihnen beweisen können, ich möchte sagen, im alten eingefahrenen Gleis fort, während eine wirklich freie Erziehung der Zukunft nur eingeleitet werden kann, wenn die Erziehenden und Unterrichtenden zu jenem Niveau gehoben werden, auf dem man einen Überblick über die wirklich großen Aufgaben unserer unmittelbaren Gegenwart bekommt, insofern sich diese großen Aufgaben dann in Konsequenzen gerade für das Erziehungs- und Unterrichtswesen ausbilden lassen.

Gewiss, die Art, wie ich heute zu Ihnen sprechen werde, die wird nicht dasjenige sein, was ich als maßgeblich oder auch nur als irgendwie mustergültig hinstellen möchte. Ich möchte aber gewissermaßen die Region andeuten, in der heute zu Lehrenden zu sprechen wäre, damit diese Lehrenden den Impuls bekommen, von sich aus in ein freies Unterrichtswesen einzugreifen.

Gerade diese Lehrenden müssten zu den großen, umfassenden *Aufgaben der Zeit* heraufgehoben werden.

Die Lehrenden müssten in erster Linie durchschauen, was für Kräfte sich in den heutigen Weltgeschehnissen eigentlich verbergen, welche Kräfte man kennen muss als vom Alten herkommend, die ausgemerzt werden müssen, welche Kräfte sich zeigen, die aus den Untergründen unseres heutigen Daseins heraus einer besonderen Pflege bedürfen.

Eine gewisse, ich möchte sagen, im besten, idealsten Sinne *kulturpolitische Betrachtung* müsste heute gegeben werden, die grundlegend werden könnte gerade für die Impulse, die in die Lehrenden übergehen müssten. Es müsste zum Beispiel vor allen Dingen eingesehen werden, dass unsere Pädagogik auf allen Stufen des Unterrichtens und Unterweisens unendlich verarmt ist, und es müsste eingesehen werden, welches die Gründe dieser Verarmung sind.

Diese Pädagogik hat vor allen Dingen den unmittelbaren Zusammenhang mit dem Leben verloren.

Der Pädagoge redet heute von allerlei methodischen Dingen, und er redet vor allen Dingen von der großen Wohltat, die dem Unterricht durch die staatliche Leitung zufließen soll. Er redet wahrscheinlich von dieser Wohltat dann noch fort, ich möchte sagen, fast automatisch, wenn er in der Theorie schon irgendetwas von der notwendigen Dreigliederung des sozialen Organismus begriffen haben sollte.

Es waren in keiner Zeit die, ich möchte sagen, selbstlaufenden Denkgewohnheiten so stark als gerade in der unsrigen. Und es zeigt sich dieses Selbstlaufende der Denkgewohnheiten ganz besonders in der Ausbildung der pädagogischen Ideen. Diese pädagogischen Ideen, sie haben unter etwas gelitten, dem wir in der neueren Zeit noch nicht entkommen konnten, dem wir aber entkommen müssen.

Ja, es gibt eben heute Fragen, die einfach nicht so beantwortet werden können, dass man sagt: Es ist das eine oder andere nach den bisherigen Erfahrungen möglich. Da wird sofort aus den Herzen, aus den Seelen der Menschen das Zaudern aufsteigen. Heute gibt es unzählige Fragen, die so beantwortet werden müssen, dass man sich sagt: «Muss denn nicht das eine oder andere *geschehen,* wenn wir aus Wirrnis und Chaos hinauskommen wollen?»

Und da haben wir es mit *Fragen des Wollens* zu tun, in die uns nicht hineinzureden haben die oftmals ja berechtigt scheinenden Zauderfragen des Verstandes und der sogenannten Erfahrung. Denn eine Erfahrung hat nur dann einen Wert, wenn sie vom Wollen in der entsprechenden Weise durchgearbeitet ist. Es gibt heute viel Erfahrung – wenig Erfahrung aber, die in der entsprechenden Weise vom Wollen durchgearbeitet ist.

Es wird gerade auf pädagogischem Gebiet viel gesagt, gegen das sich, rein verstandeswissenschaftlich genommen, nicht einmal sehr viel einwenden lässt, das von seinem Gesichtspunkt aus angesehen ganz gescheit ist. Aber heute handelt es sich darum, einzusehen, worauf es eigentlich ankommt, vor allen Dingen einzusehen, wie unsere Pädagogik lebensfremd geworden ist.

Ich darf eine persönliche Bemerkung auch hier machen. In Berlin wurde vor vielleicht 23 Jahren ein Verein für Hochschulpädagogik gegründet. Vorsitzender dieses Vereins für Hochschulpädagogik war der Astronom Wilhelm Förster. Ich gehörte diesem Verein für Hochschulpädagogik auch an. Wir hatten eine Serie von Vorträgen zu halten in diesem Verein. Die meisten dieser Vorträge wurden so gehalten, dass man glaubte, man brauche nur gewisse formale Dinge über die Behandlung der einzelnen Wissenschaften zu kennen und die Zusammenstellung der einzelnen Wissenschaften in Fakultäten oder Ähnliches.

Ich versuchte – aber wurde auch damals wenig verstanden – darauf aufmerksam zu machen, dass eine Hochschule nichts anderes sein dürfe als ein Ausschnitt aus dem allgemeinen Leben, dass vor allen Dingen derjenige, der etwas über Hochschulpädagogik reden will, von der Frage ausgehen müsse: In welcher Lage des Lebens stehen wir gegenwärtig, weltgeschichtlich genommen, auf all den verschiedensten Gebieten, und was haben wir an Impulsen aus den verschiedensten Gebieten des Lebens heraus zu beachten, um es in die Hochschule hineinstrahlen zu lassen, damit wir eine Hochschule zu einem Ausschnitt aus dem allgemeinen Leben machen?

Wenn man nicht im Abstrakten, sondern im Konkreten solche Dinge durchführt, da ergeben sich dann die mannigfaltigsten Gesichtspunkte für die Begrenzung, sagen wir der Zeit, die dem einen oder anderen sogenannten Fach gewidmet werden soll. Da ergibt sich auch die Art, wie das eine oder andere Fach behandelt werden kann.

In dem Augenblick, wo man bloß aus dem, womit heute die Pädagogik vielfach arbeitet, solche Begrenzung vornehmen will, in dem Augenblick versagt alles. Man gestaltet die betreffenden Unterrichtsanstalten zu nichts anderem als zu Abrichtungsanstalten für weltfremde Leute.

Aber welches sind die ganz inneren Gründe, die tief inneren Gründe, dass das alles so geworden ist?

So wie die großartige Entwicklung des naturwissenschaftlich orientierten Denkens in der neueren Zeit heraufgekommen ist, so hat dieses naturwissenschaftliche Denken, das ja auf der einen Seite in großartiger Weise dahin gelangt ist, den Menschen rein als Naturwesen zu begreifen, doch jede *wirkliche Menschenerkenntnis* im Grunde genommen abgeschnitten, von der wir neulich schon gesprochen haben als von dem Allernotwendigsten gerade für den richtigen Pädagogen – jene Menschenerkenntnis, welche den lebendigen Menschen in seinem ganzen Dasein erkennt, nicht wie er heute so vielfach bloß formal dargestellt wird, sondern nach seiner inneren Wesenheit, namentlich nach seiner Entwicklungswesenheit.

Es gibt ein Symptom, das ich hier auch schon öfters erwähnt habe, für dieses ungeheuer Menschenfremde des modernen pädagogischen Wesens. Wenn man solche Dinge heute sagt, so wird man vielleicht der Paradoxie geziehen werden können. Aber sie müssen heute ausgesprochen werden, denn sie sind das Allernotwendigste.

Aus dem Verlust wirklich lebendiger Menschenerkenntnis ist jenes trostlose, öde Streben hervorgegangen, das sich heute als ein Zweig der sogenannten Experimentalpsychologie, gegen die ich als solche nichts habe, geltend macht: die sogenannte *Prüfung der Fähigkeiten* – ein wahres Schauerbild desjenigen, was auf pädagogischem Gebiet das wirklich Ersprießliche ist.

Ich habe Ihnen vielleicht schon öfter charakterisiert, wie durch eine äußere experimentelle Veranstaltung das Gedächtnis, sogar der Verstand und anderes am «Menschenobjekt» geprüft werden sollen, damit man auf äußerlich-registrativem Weg herausbekommt, ob jemand ein gutes oder schlechtes Gedächtnis, einen guten oder schlechten Verstand hat.

In rein mechanischer Weise, indem man Sätze vorlegt und sie ergänzen lässt oder indem man in irgendeiner anderen ähnlichen Weise verfährt, versucht man ein Bild davon zu bekommen, was ein werdender Mensch an Fähigkeiten in sich hat. Das ist ein Symptom dafür, dass man im Kulturwirken alle unmittelbare Beziehung von Mensch zu Mensch, die allein ersprießlich sein kann, verlernt hat.

Es ist das Symptom für etwas Trostloses, dieses Fähigkeitprüfen, welches sich hat entwickeln können und welches heute als ein besonderer Fortschritt angestaunt wird, das heraufgesprossen ist aus den sogenannten psychologischen Labors der neueren Universitäten.

Ehe man nicht einsieht, wie wir wiederum zu einer unmittelbar aus dem Menschen heraus zu gewinnenden intuitiven Erkenntnis des Menschenwesens, namentlich des werdenden Menschenwesens zurückkommen müssen, ehe wir nicht dieses trostlose Errichten einer Kluft auch auf diesem Gebiet zwischen Mensch und Mensch überwinden, werden wir gar nicht verstehen können, worin es liegt, eine lebensvolle Pädagogik für ein freies Geistesleben zu schaffen.

Ausgekehrt werden müsste aus unseren Unterrichtsanstalten all dasjenige, was am Menschen herumexperimentieren will, um irgendetwas Pädagogisches auszumachen.

Als Grundlage für eine vernünftige Psychologie ist mir die Experimental-Psychologie wert. So wie sie sich aber heute in die Pädagogik, sogar schon in die Gerichtszimmer hineingeschlichen hat, so ist sie das Verderben für dasjenige, was als Gesundes sich entwickeln muss: voll entwickelte Menschen, die nicht durch eine Kluft von den anderen voll entwickelten Menschen getrennt sind.

Wir haben es dahin gebracht, dass wir alles Menschliche aus unserem Kulturstreben ausgeschlossen haben. Wir müssen es dahin bringen, dieses Menschliche wiederum zu entfalten. Und wir müssen den Mut aufbringen, gegen manches, was allmählich in der neueren Zeit als große Errungenschaft angestaunt worden ist, energisch Front zu machen. Sonst kommen wir nie weiter.

Daher sind oft diejenigen Menschen, die heute als Lehrer die Hochschulen verlassen, um dann Menschen zu bilden, mit den verkehrtesten Anschauungen über das Menschenwesen ausgestattet, weil sie ja wirkliche Anschauungen nicht bekommen, weil an die Stelle der wirklichen Anschauungen etwas so Veräußerlichtes getreten ist wie dieses experimentelle Feststellen der Fähigkeiten. Das müsste man als ein Verfallssymptom erkennen.

Wir müssen in uns die Möglichkeit suchen, die Fähigkeiten eines Menschen zu beurteilen, weil er Mensch ist und man selber Mensch ist. Und einsehen müsste man, dass jede andere Methode deshalb von Unheil ist, weil sie gewissermaßen das Erfülltsein vom unmittelbaren lebendigen Menschlichen auslöscht, das so notwendig ist, wenn wir in heilsamer Weise fortschreiten wollen.

Sehen Sie, diese Dinge werden heute noch gar nicht gesehen. Sie müssen vor allen Dingen gesehen werden, wenn wir weiterkommen wollen. Wie oft ist auch hier von diesen Dingen gesprochen worden. Man hat ja manchmal über diese Verkehrtheiten ein Lächeln gehabt. Dass diese Dinge aber gesprochen worden sind, damit sie wirklich ein Bestandteil des heutigen Geisteslebens werden, davon hatte man nicht immer eine Ahnung.

Aber es kommt heute nicht darauf an, dass man sich etwas wie ein Feuilleton anhört, es kommt heute darauf an, dass man unterscheiden lernt zwischen demjenigen, was bloß, ich möchte sagen, Aperçu (geistreiche Bemerkung) oder Betrachtung ist, und demjenigen, was Keime zur Tat in sich enthalten kann.

Alles Streben der sogenannten Geisteswissenschaft°, die hier gepflegt wird, gipfelt ja zuletzt darin, *die Idee vom Menschen* aufzubauen, Menschenerkenntnis zu liefern. Die brauchen wir. Die brauchen wir, weil wir aus den Forderungen der Zeit heraus eine dreigliedrige Zwangslage zu überwinden haben.

Es sind zurückgeblieben aus den alten Zeiten dreierlei Arten von Zwang.

Erstens der urälteste Zwang, der sich nur in verschiedener Weise in der Gegenwart maskiert: der *Priesterzwang.* Man würde in der Betrachtung der Zeitlage weiterkommen, wenn man in den ja heute mit Bezug auf äußere Tatsächlichkeiten untergegangenen, in Bezug auf menschliches Denken leider noch fortlebenden staatlichen Ideen und Impulsen von Europa und Amerika – und auch von Asien – die Maskierung erkennen würde, die moderne Maskierung alten Priesterzwanges.

Als zweiten Zwang haben wir, etwas später in der geschichtlichen Entwicklung der Menschheit ausgebildet, heute auch schon unter den verschiedensten Maskierungen auftretend, den *politischen Zwang.*

Und als Drittes haben wir als verhältnismäßig am spätesten hinzugekommenen Zwang, den *wirtschaftlichen Zwang.*

Aus diesen drei Zwangsimpulsen muss die Menschheit sich herausarbeiten: Das ist ihre unmittelbare Gegenwartsaufgabe. Sie kann nur herauskommen, wenn sie vor allen Dingen klar sieht, wo die Masken von dem sind, was in verschiedener Maskierung heute unter uns lebt, die Masken dieser drei Zwangsimpulse der Menschheit.

Vor allen Dingen muss heute der Blick des Pädagogen bis zu jenem Niveau hinaufgehoben werden, wo solche Dinge besprochen werden können, wo man durch die Lichter, die man durch solche Dinge bekommt, auf die zeitgenössische Entwicklung leuchten kann, wo man überall sehen kann, wie das eine oder andere Zwangsverhältnis in der einen oder anderen zeitgenössischen Tatsache steckt.

Nur dann, wenn man den Mut aufbringt, sich heute zu sagen: Weil sich die Pädagogik abgesondert hat, sich gewissermaßen in die Schule zurückgezogen hat, ist es dahin gekommen, dass sie solche verschrobenen Ideen aufbringt wie die Erprobung von menschlichen Tüchtigkeiten durch das Experiment, was nur ein Symptom ist von vielem.

Aber überall, wo heute von allgemein- oder spezialpädagogischer Methode gesprochen wird, sehen wir die Folge dieses Sichzurückziehens in die bloße Schule, in die der Staat die Pädagogik hineingezwängt hat, und diese Entfernung vom Leben.

Niemals kann einer der hauptsächlichsten Lebenszweige: Geistiges, Rechtliches oder Politisches und Wirtschaftliches in der Gegenwart sich voll entwickeln – ich sage ausdrücklich *in der Gegenwart* –, und namentlich in unserer Gegend, wenn diese drei Zweige nicht auf ihren eigenen Boden gestellt werden.

Für den äußersten Westen, für Amerika, und für den äußersten Osten ist es etwas anders. Aber gerade weil es etwas anders ist, muss bei uns diese Sache eingesehen werden. Wir müssen endlich dahin kommen, konkret zu denken, nicht mehr abstrakt zu denken, sonst kommen wir mit Bezug auf das Räumliche zu einer die Menschheit der ganzen Erde beglückenden Theorie, was Unsinn ist, oder zu einer Art von tausendjährigem Reich in Bezug auf die geschichtliche Entwicklung, was wieder Unsinn ist.

Konkret denken auf diesem Gebiet heißt: für einen bestimmten Weltraum und für eine bestimmte Zeit denken. Wir werden darüber heute noch einiges zu sagen haben.

Der Blick des Pädagogen muss auf diese großen Welterscheinungen gelenkt werden, muss überschauen können, was im geistigen Leben der Gegenwart vorhanden ist und was in diesem Leben der Gegenwart dadurch anders werden muss, dass man in dem werdenden Menschen etwas ganz anderes erzieht als dasjenige, was in den letzten Zeiten gezüchtet worden ist.

Was in der letzten Zeit gezüchtet worden ist, hat gerade auf pädagogischem Gebiet bei denjenigen, die dann pädagogisch tätig sein sollten, zu einer furchtbaren *Spezialisierung* geführt. Man begegnet sehr häufig gerade bei Festreden und auf Naturforscherversammlungen oder sonstigen Gelehrtenversammlungen den Lobliedern auf die Spezialisierung.

Selbstverständlich wäre ich ein Tor, wenn ich nicht einzusehen vermöchte, welche Notwendigkeit dieser Spezialisierung auch auf dem Gebiet der Wissenschaft zugrunde liegt. Aber sie braucht einen Ausgleich, sonst errichten wir Klüfte zwischen Mensch und Mensch und stehen nicht mehr verständnisvoll als Mensch dem Menschen gegenüber, sondern wir stehen hilflos einander gegenüber als Spezialist dem Spezialisten, wobei wir gar keine andere Handhabe haben, an den Spezialisten zu glauben, als allein diese, dass er durch die tatsächlich vorhandenen Einrichtungen in irgendeiner Weise abgestempelt ist.

Aber wir waren auf dem Weg, dieses Spezialistentum von der Schule her auch ins Leben einzuführen. Ob die Wirrnisse der Gegenwart uns vor dem Unglück bewahren werden, dass in die Gerichtsstube neben den allerlei anderen Sachverständigen auch noch, wie manche wollen, die Psychologen hinberufen werden, die dann an den Verbrechern ihre Experimente machen, geradeso, wie man an den jungen Leuten die Experimente macht, das wird sich ja zeigen.

Ich sage weniger etwas gegen die Sachen selber, als gegen die Art und Weise, wie sie sich in die Gegenwart hineingestellt haben.

So liegen die Dinge auf dem Gebiet der Pädagogik, der Schulbildung innerhalb des Gebietes des Staates.

Ja, nach der kurzen Zeit, in welcher gesprochen worden ist, mag das nun inhaltlich anfechtbar sein oder nicht, von dem innerlich begründeten Menschenrecht – damals nannte man es «Naturrecht» –, nach dieser verhältnismäßig kurzen Zeit kam diejenige Epoche, in der man anfing, sich zu genieren, von diesem Naturrecht zu sprechen.

Man war selbstverständlich ein Dilettant, wenn man von diesem *Naturrecht* sprach, das heißt wenn man annahm, dass mit der Existenz des Menschen selbst als einzelnem menschlichem Individuum etwas da ist, was als solches das Recht begründet. Man war damit ein Dilettant, und «fachmännisch» war es bloß, von *historischem Recht* zu sprechen, das heißt von dem, was sich geschichtlich als Recht herausgebildet hat.

Man hatte nicht den Mut, auf das wirkliche Recht einzugehen. Deshalb beschränkte man sich darauf, allein das sogenannte historische Recht einer Betrachtung zu unterziehen.

Das aber müsste insbesondere der Pädagoge heute wissen. Der Pädagoge müsste namentlich auf Lehrerversammlungen in den Hergang des 19. Jahrhunderts genau eingeführt werden: wie der Begriff des Naturrechts verloren worden ist oder wie er im heutigen Recht höchstens in Masken fortlebt und wie ein gewisses Zaudern, eine innere Zauderhaftigkeit der Menschen an dem bloß Historischen hängengeblieben ist.

Wer die Verhältnisse kennt, weiß, dass der Hauptimpuls heute immer noch nach der Richtung des historischen Rechts geht, dass man sich bemüht – um das goethesche Wort zu gebrauchen –, «vom Rechte, das mit uns geboren ist»[4], ja nicht zu sprechen.

Ich habe öfters in den Vorträgen, die ich hier gehalten habe, darauf aufmerksam gemacht, dass wir heute offen und ehrlich die große Abrechnung halten müssen, nicht die kleine.

Daher darf nicht davor zurückgeschreckt werden, in der richtigen Weise dasjenige zu charakterisieren, was ausgemerzt werden muss. Denn niemals kann neu gebaut werden, wenn man nicht einen klaren Begriff von dem hat, was die menschlichen Denk- und Empfindungsgewohnheiten verdorben haben.

Man kann schon sagen: Insbesondere an unserer mitteleuropäischen Kultur ist stark zu bemerken, wie zuerst zusammengebrochen ist eine wirklich positive Staatsidee. Man versuchte noch im Anfang des 19. Jahrhunderts, sie aufzubauen. Sie ging unter unter dem Einfluss der Gedanken vom bloß historischen Recht, die ihre Impulse geltend machten, ohne dass die Betreffenden, die daran beteiligt waren, es merkten.

Während sie glaubten, vorurteilslose Wissenschaft zu

---

4 Mephisto in Goethes *Faust* (Studierzimmer, V. 1972ff): «Es erben sich Gesetz' und Rechte / Wie eine ew'ge Krankheit fort; / Sie schleppen von Geschlecht sich zum Geschlechte, / Und rücken sacht von Ort zu Ort. / Vernunft wird Unsinn, Wohltat Plage; / Weh dir, daß du ein Enkel bist! / Vom Rechte, das mit uns geboren ist, / Von dem ist, leider! nie die Frage.»

treiben, kam es dahin, dass dasjenige, was getrieben wurde, nur im *Dienst des Staates* oder des Wirtschaftskörpers getrieben worden ist. Nicht allein in die Verwaltung der Wissenschaft, sondern auch in den Inhalt der Wissenschaft und namentlich in alles das, was praktische Wissenschaft geworden ist, ist das hineingeflossen, was durch den Einfluss des Staates gekommen ist.

Daher haben wir heute so gut wie keine Nationalökonomie, weil ein freies, auf sich gestelltes Denken sich nicht entwickeln konnte. Daher stehen wir heute gerade mit Bezug auf die wichtigsten Gesetze des Wirtschaftslebens so da, dass man gar nicht verstanden wird, wenn man von echten volkswirtschaftlichen Gesetzen spricht.

Und man merkt dies ganz besonders daran, wie die Pädagogik in Unordnung gekommen ist, die Pädagogik großen Stils, die nicht im Leben drinnen steht, sondern sich aus dem Leben heraus in die Schulstube zurückgezogen hat. Niemals kann eine wirkliche lebensvolle Betrachtung von irgendetwas entstehen, wenn man bloß auf dasjenige hinweist, *was* äußerlich erfahren werden soll, und nicht, *wie* es erfahren werden soll.

Dasjenige, was in der neueren Zeit allein ausgebildet worden ist, die *Anbetung der bloßen äußeren Erfahrung*, das führt nur in die Konfusion hinein, gerade wenn es gewissenhaft ausgeführt wird. Das, was wir brauchen, ist, dass wir imstande sind, auch die inneren Impulse auszubilden, die uns an die richtige Stelle der Erfahrung hinführen.

Sie erinnern sich, dass ich am letzten Freitag darauf aufmerksam gemacht habe – in der Weise, wie es allerdings innerhalb dieser Vorträge nur kurz geschehen konnte –, wie durch ein Studium der europäischen Wirtschaftsverhältnisse am Ende des 14. und zu Beginn des 15. Jahrhunderts eine Aufklärung darüber gewonnen werden könnte, wie in der Zukunft die Genossenschaften zu gestalten sein werden, die aus Impulsen der Produktion und des Verbrauchs° heraus zu bilden sind.

Aber auf diesen für das ganze europäische Leben grundlegenden Betrachtungsgesichtspunkt, der von dem ausgeht, was so deutlich in dem großen Wendezeitalter der neueren Zeit auf allen Gebieten Ende des 14. Jahrhunderts, Anfang des 15. Jahrhunderts zu lernen ist, wird man nur hingelenkt, wenn man eben die rechten Gesichtspunkte aus einer grundlegenden geisteswissenschaftlichen° Betrachtung heraus gewinnt.

Man fälscht nicht die Tatsachen dadurch, aber man wird auf diejenigen Punkte der Entwicklung hingelenkt, wo sich in bedeutsamen Symptomen dasjenige verrät, was mehr unter der oberflächlichen Entwicklungsströmung bleibt und was doch als das eigentlich treibende Element anzusehen ist.

Dafür blieben der heutigen Pädagogik und wissenschaftlichen Didaktik die innerlich wissenschaftlich-methodischen Richtlinien verborgen. Pädagogik und Didaktik waren mehr oder weniger auf den Zufall angewiesen, auf dieses oder jenes Gebiet lenkte sie der Zufall.

Das brauchen wir, dass wir *innerliche Richtlinien* bekommen, die uns auf diejenigen Wahrheiten hinlenken, die die wichtigen sind, Richtlinien, die aus Goethes Weltanschauung gewonnen werden können, durch die sich viel, viel erkennen lässt.

Das darf nicht konstruiert sein, das darf nicht aus dem Verstand heraus gesucht werden, das muss aus einem inneren Verwobensein des Menschen mit der Welt gesucht werden, wie es uns ganz abhanden gekommen ist, was sich gerade darin zeigt, dass wir in so äußerlicher Weise das individuelle Menschenwesen ergründen wollen, wie es durch die pädagogische Abzweigung der Experimentalpsychologie geschehen ist.

Vor allen Dingen müsste heute denjenigen, die Kinder zu erziehen haben, über den *Grundnerv der Entwicklung der neueren Zeit* ein Licht aufgesteckt werden. Steht man an einem Punkt, wo die Hauptrichtung des Lebens geändert werden muss, so ist vor allen Dingen die Einsicht in dasjenige notwendig, was bisher in der Menschheitsentwicklung heraufgekommen ist.

Erst ging der elementare Impuls zum wirtschaftsfreien Staatsleben zugrunde. Dann traten wir im letzten Drittel des 19. Jahrhunderts und im 20. Jahrhundert insbesondere in Mitteleuropa unser Geistesleben mit Füßen, machten es zu einem bloßen Parasiten des Daseins.

Wie viel ist eingeflossen in dieses Geistesleben, in dem wir heute drinnen stehen wollen, zum Beispiel von dem großen Impuls des Goetheanismus? Nichts, so gut wie nichts! In äußerlicher Weise wird über Goethe herumgeredet – von dem Ungeheuren, das in Goethes Art steckt, die Welt anzuschauen, ist nichts in das allgemeine Bewusstsein übergegangen.

Gewissenlos genug, ich habe es öfters erzählt, war die Weimarer Goethe-Gesellschaft, nicht daran zu denken, irgendeinen Menschen an ihre Spitze zu stellen, der etwas von Goethe versteht, sondern einen abgetanen preußischen Finanzminister! Ich habe öfter erwähnt, dass man diese Wahl humoristisch empfinden konnte, dadurch, dass er Kreuzwendedich mit Vornamen heißt.

So sind wir hineingesegelt in ein Unberücksichtigtlassen unserer geistigen Vergangenheit. Nirgends ist im Gegenwartsbewusstsein dasjenige drinnen, was gerade dem deutschen Geistesleben von der Goetheschen Seite her sein charakteristisches Gepräge gegeben hat. Alles das ist ausgemerzt worden, ist zum Parasiten gemacht worden. Goethe-Ausgabe über Goethe-Ausgabe ist erschienen – nirgends ist goethescher Geist eingezogen.

Derjenige, der die Dinge durchschaut, der muss heute sagen:

- Auf wirtschaftlichem Gebiet ist es schlimm,
- auf politischem Gebiet ist es schlimm,
- auf geistigem Gebiet aber ist es am allerschlimmsten.

So haben wir zuerst unser politisches Bewusstsein ruiniert, so haben wir nachher unseren Zusammenhang mit unserem eigenen Geistesleben ruiniert.

Das sage ich nicht aus einem Pessimismus heraus, sondern das sage ich aus dem Grund, weil aus der Einsicht in das, was geschehen ist, dasjenige hervorgehen muss, was zu geschehen hat.

Dann, dann kam das, was man den «Weltkrieg» nennt. Nach dem Zusammenbruch des Politischen – das man in künstlicher Weise, obwohl schon zerbrochen, doch noch festgehalten hat –, nach dem inneren Zusammenbruch des Geisteslebens kam der wirtschaftliche Zusammenbruch, von dessen Stärke und Größe sich die Menschen heute noch gar keine Vorstellung machen, weil sie glauben, wir stehen am Ende oder in der Mitte dieses Zusammenbruchs, während wir erst am Anfang stehen.

Dieser wirtschaftliche Zusammenbruch – überall können Sie ihn an dem, was sich als die Weltkatastrophe herausgebildet hat, studieren.

Würde man heute, ich will sagen, dasjenige sachgemäß studieren, was sich im sogenannten *Bagdadbahnproblem* vor dem Weltkrieg abgespielt hat, da würde man die unglückseligste Zusammenknüpfung politischen und wirtschaftlichen Lebens sehen. Verfolgt man die einzelnen Stadien der Bagdadbahnverhandlungen, mit denen ja insbesondere der unglückselige Helfferich verknüpft ist, so sieht man immer wieder auf der einen Seite den wirtschaftlichen Kapitalismus Kombination über Kombination bilden, auf der anderen Seite das Eingreifen nationalpolitischer, chauvinistischer Machinationen – Machinationen, die verschieden sind, je nachdem sie von Osten oder von Westen wirken.

In Deutschland, meine lieben Freunde, beobachtet man verlorenes Tatsachenbewusstsein, da das Geistesleben verloren ist, verlorenes Tatsachenbewusstsein, da das Staatsleben verloren ist – und Beschränkung auf das bloße Wirtschaftsleben.

Von Westen spielen überall wirtschaftlich-politische Aspirationen hinein, die in der Maske des Chauvinismus oder Nationalismus, in der Maske des Wirtschaftlich-Politischen auftreten. Vom Osten spielt hinein Geistig-Politisches, das sich wiederum in der verschiedensten Weise maskiert. Alles das zu einem Knäuel in dem vereint, was sich dann in die Absurdität, in die Unmöglichkeit hineinverlieren muss: in das Bagdadbahnproblem.

In diesem Bagdadbahnproblem, in seinem ganzen Hergang liegt einfach der Beweis für die Unmöglichkeit einer Weiterentwicklung des alten Imperialismus, für die Unmöglichkeit einer Weiterentwicklung des alten politischen Systems.

Sehen Sie, dasjenige, was sich so, ich möchte sagen, an einem großen weltpolitischen Problem zeigt, in dem Willen, diese Bahn zu bauen, das zeigt sich auch in den Einzelheiten während des Krieges.

Man hat die Dinge nur niemals so betrachtet, dass man sich in sachgemäßen Richtlinien zu dem Punkt hingewendet hat, wo die äußeren Ereignisse innere Zusammenhänge verraten können.

Sehen Sie, Kapp quietschte, Bethmann Hollweg zeterte, und die geistigen Vertreter von Deutschland schwiegen. Es war einmal eine solche Situation.

Kapp, der Vertreter der Landwirtschaft, quietschte, weil er nicht mehr aus noch ein wusste mit der Landwirtschaft über all der Kriegswirtschaft. Bethmann Hollweg, der unpolitischste Kopf, zeterte, weil er etwas Vernünftiges über die Sache nicht zu sagen wusste. Und die geistigen Leiter Deutschlands schwiegen, weil sie sich ganz ins Formal-Schulmäßige zurückgezogen hatten und nichts wussten vom Leben, keine Ahnung hatten, wie die Dinge des Lebens behandelt werden müssen.

Ich weiß nicht, wie viele von Ihnen sich an diese Dinge erinnern. Es ist gar nicht irgendwie aufgebauscht, was ich Ihnen erzähle, sondern so war wirklich einmal die Situation, dass Kapp quietschte, Bethmann Hollweg im Reichstag zeterte über die furchtbare Anzapfung, die der Arme erfahren hatte, und diejenigen, die über die Dinge hätten etwas wissen sollen, sie schwiegen oder redeten etwas, was ebenso ist wie schweigen, was dem Leben fernstand.

Die wirtschaftliche Entwicklung, sie konnte eigentlich nur durch eine große, bemerkbare Welttatsache ad absurdum geführt werden.

Und wie wir auch in Bezug auf das Staatliche herabgekommen sind, das bemerkten viele Leute nicht. Sie hatten ja die Hohenzollern, die Habsburger, den Zarismus. Dass innerhalb des Zarismus, des Hohenzollern-, des Habsburgerreichs bereits im allerentschiedensten Sinne, weil Unmögliches damit zusammenhing, der Keim der Auflösung war, darüber konnte man hinwegtäuschen, weil ein unnatürlicher Rahmen dasjenige zusammenhielt, was schon in voller Auflösung war, weil kein Staatsimpuls mehr drinnen war.

Heute wird von sozialistischer Seite oftmals betont, der Staat müsse aufhören. Niemand hat mehr zum Aufhören eines vernünftigen Staatswesens geführt als die Dynastien Europas im 19. Jahrhundert. Das Geistesleben – man konnte sich durch Illusionen und durch allerlei Betäubung darüber hinwegsetzen, dass wir es mit Füßen getreten haben, insofern es die Errungenschaft des 19. Jahrhunderts ist. Beim Wirtschaftsleben ging das nicht.

Sehen Sie, wenn der Staat darbt, da tröstet er sich damit,

dass man sich an Festen erbaut, bei denen dem Dynasten papierne Blumen dargebracht werden.

Es ist kein Märchen, sondern eine erweislich wahre Tatsache, dass zum Beispiel schön gekleidete Frauen auf den Hamburger Brücken mit wahrer Wut sich auf die Zigarettenstummel gestürzt haben, die Wilhelm II. weggeschmissen hat, um sie sich als Andenken aufzubewahren. Es ist aber auch kein Märchen, dass jener Wilhelm II. sich nicht mit Abscheu von solcher Speichelleckerei abgewendet hat, sondern gefunden hat, dass das seiner Eitelkeit sehr gut tat. Er delektierte (ergötzte) sich daran!

Ja, so haben wir zuletzt gerade auf dem Gebiet des Wirtschaftslebens die merkwürdige Erscheinung erlebt, die man nicht anders charakterisieren kann, als dass die Landwirtschaft quietschte, die Politik zeterte. Die Industrie rieb sich das Bäuchlein vor Wohlbehagen, die Arbeiter zunächst mit – insofern sie von der Industrie schon einen kleinen Anteil bekamen –, bis sie zur Front kamen und da einen anderen Ton lernten und dann auch andere Anschauungen verbreiteten, als sie wiederum in die Heimat kamen.

Derjenige lügt heute selbstverständlich, der sagt, dass von der sogenannten Heimat der Niederbruch ausgegangen ist. Der Niederbruch ist von der Front ausgegangen, weil die Leute es da nicht mehr aushalten konnten.

Solche Dinge, sie muss heute insbesondere der wissen, der das Volk erziehen will. Der darf nicht fernerhin in irgendeinem Winkel sitzen und vom Leben nichts verstehen, sondern der muss kennen, was geschehen muss.

Viel wichtiger als jene Formalien, die auf Lehrertagen tradiert werden, wäre heute, dass gerade vor den Jugendbildnern über diese *kulturhistorischen Erscheinungen* gründlich gesprochen würde und auch dasjenige enthüllt würde, was sich gerade auf dem Gebiet des kapitalistischen Wirtschaftslebens so klar zeigt.

Sie wissen, von der einen Seite behauptet, von der anderen Seite bestritten, wird einer gewissen Gesellschaft der Satz zugeschrieben: «Der Zweck heiligt die Mittel.» Unter dem Einfluss des Kapitalismus hat sich im Wirtschaftsleben während der sogenannten Weltkriegskatastrophe ein anderer Impuls gezeigt, der heißt: «Der Zweck hat die Mittel entheiligt.»

Denn überall wurden unter den Zwecken, unter den Zielen, die gesetzt worden sind – gerade das enthüllt wiederum das Bagdadbahnproblem –, die Mittel entheiligt, oder aber es entheiligten wieder die Mittel auch den Zweck und die Ziele. Diese Dinge, die müssen gewusst werden, und sie müssen heute rückhaltslos betrachtet werden.

Ich meine meine heutige Betrachtung insofern pädagogisch, als ich glaube, dass vielleicht nicht der Art nach, aber aus jener Region, aus der heute von mir gesprochen wird, vor allen Dingen zu den Lehrern jeder Stufe gesprochen werden müsste. Dem müssen wir entwachsen, was bisher verhindert hat, dass zu den Lehrern der verschiedensten Stufen von den großen Weltereignissen gesprochen worden ist.

Dadurch erleben wir ja heute das Trostlose der *absoluten politischen Ungeschultheit* eines großen Teils unserer Bevölkerung. Man trifft heute Menschen – ich kann in diesem Fall nicht höflich sein, denn ich kann nicht einmal sagen: «Die Anwesenden sind ausgenommen», wenigstens nicht alle –, man trifft heute Menschen, die nicht wissen, was sich zum Beispiel seit Jahrzehnten selbst in den alleräußersten Äußerlichkeiten der Arbeiterbewegung abgespielt hat, die keine Ahnung haben, in welchen besonderen Formen das Proletariat seit Jahrzehnten kämpft.

Nun, eine Erziehungsweise des Volkes, die die Menschen so hereinstellt in die Welt, dass sie aneinander vorbeigehen und voneinander nichts wissen, die muss doch zum Niedergang führen.

Gibt es denn nicht heute Bürgerliche, die vom Arbeiter kaum viel anderes wissen, als dass er anders gekleidet ist als sie und Ähnliches, die nichts wissen von jenem Streben, das im Gewerkschaftlichen, im Genossenschaftlichen, in politischen Parteien lebt, die sich nicht die Mühe genommen haben, hineinzuschauen in dasjenige, was rings um sie herum vorgeht? Woher kommt das?

Weil die Menschen nie gelernt haben, vom Leben zu lernen, weil sie immer nur lernen, das oder jenes zu wissen.

Man denkt: Ich weiß das, ich bin Spezialist auf diesem Gebiet; du weißt jenes, du bist Spezialist auf jenem Gebiet.

Daran haben sich die Leute gewöhnt. Niemals sind sie zu etwas anderem gekommen, als dass sie in ihren Schulen ein Wissen aufgenommen haben und die Aufnahme dieses Wissens als ein Ideal betrachteten, während es doch darauf ankommt, *dass man lernen lerne* – dass man so lernen lerne, dass wenn man noch so alt wird, man bis zu seinem Todesjahr ein Schüler des Lebens bleiben kann.

Heute haben die Menschen, selbst wenn sie die Hochschule absolviert haben, in der Regel in den zwanziger Jahren ausgelernt. Sie können nichts mehr vom Leben lernen, sie surren nur dasjenige ab, was sie bis dahin aufgenommen haben. Höchstens dass sie da und dort ein kleines Aperçu machen. Diejenigen, die anders sind, gehören heute zu den Ausnahmen.

Dasjenige, worauf es ankommt, das ist, dass wir eine Pädagogik finden, wo gelernt wird, *vom Leben zu lernen* – sein ganzes Leben hindurch vom Leben zu lernen. Es gibt nichts im Leben, wovon man nicht lernen kann.

Wir stünden auf einem anderen Boden heute, wenn die Menschen gelernt hätten, zu lernen.

Warum sind wir heute sozial so hilflos? Weil Tatsachen aufgetreten sind, denen die Menschen nicht gewachsen sind. Sie können von den Tatsachen nicht lernen, weil sie sich immer an Äußerlichstes halten müssen.

Es wird in der Zukunft keine Pädagogik geben, die fruchtbar sein kann, wenn man sich nicht die Mühe geben wird, sich zu den großen Kulturgesichtspunkten der Menschheit hinauf zu erheben.

Sehen Sie, wer heute ein wenig die Welt mit einigen geisteswissenschaftlichen[°] Grundlagen betrachtet, von denen hier so oft gesprochen worden ist, der weiß konkret zu denken über das, was da ist. Er schaut nach Westen, er schaut nach Osten, und er kann sich aus der konkreten Beobachtung Aufgaben stellen.

Er schaut nach *Westen,* in jene angloamerikanische Welt hinein, in der große politische Impulse seit vielen Jahrzehnten[+] gespielt haben, Impulse, die uns Mitteleuropäern schädlich geworden sind, die aber großzügig sind. Ja, alle diejenigen großen Impulse, die im politischen Leben der neueren Zeit sind, sie sind von der angloamerikanischen Bevölkerung ausgegangen, denn die wusste immer mit den historischen Kräften zu rechnen.

Als ich während des Krieges versuchte, einigen Leuten das beizubringen, und sagte: «Wir können den Kräften, die von dort ausgehen, nur mit ähnlichen, aus den historischen Impulsen herausgeholten Kräften widerstehen», da lachten sie mich aus, weil man bei uns keinen Glauben an *große historische Impulse* hat.

Sehen Sie, wer den Westen, insofern er angloamerikanisch ist, richtig zu studieren versteht, der findet dort eine

Summe von menschheitlichen Instinkten, von Impulsen, die aus dem geschichtlichen Leben heraus kommen. Alle diese Impulse sind politisch-wirtschaftlicher Art.

Es gibt bedeutsame, elementare Impulse innerhalb des Angloamerikanertums, die alle politisch-wirtschaftliche Färbung haben, die alle politisch so denken, dass politisch über die Wirtschaft gedacht wird.

Aber nun gibt es da eine Eigentümlichkeit, das ist diese: Sie wissen, wenn wir über das Wirtschaftliche reden, so fordern wir, dass im Wirtschaftlichen in der Zukunft die Brüderlichkeit walte. Die war gerade aus dem westlichen imperialistischen, politisch-wirtschaftlichen Streben herausgetrieben. Die Brüderlichkeit war da gerade weggeblieben, die war ausgeschaltet worden. Daher nahm das, was da lebte, den stark kapitalistischen Zug an.

Die Brüderlichkeit, die entwickelte sich im *Osten*. Wer den Osten nach seiner ganzen geistig-seelischen Art studiert, der weiß, dass da aus dem Menschen wirklich der Sinn für die Brüderlichkeit herausquillt.

Und so war das Eigentümliche:

- *im Westen* die Hochflut des wirtschaftlichen Lebens unter der Unbrüderlichkeit, daher zum Kapitalismus hin tendierend;
- *im Osten* die Brüderlichkeit – ohne die Wirtschaft.

Beides wurde auseinandergehalten durch Mitteleuropa,

durch uns. Wir haben die Aufgabe – und das ist dasjenige, was vor allen Dingen der Lehrer wissen müsste –, wir haben die Aufgabe, synthetisch die Brüderlichkeit des Ostens mit der unbrüderlichen, aber wirtschaftlichen Denkweise des Westens zusammenzufassen. Dann sozialisieren wir im großen Weltsinn, wenn wir das zustande bringen!

Und wiederum schauen wir nach dem Osten mit einer richtigen Richtlinie: Da haben wir von alters her ein hohes Geistesleben. Dass es heute schon erstorben wäre, kann nur jemand behaupten, der Rabindranath Tagore nicht versteht. Es lebt da der Mensch ein geistig-politisches Leben. Das ist im Osten.

Wo ist sein Gegenpol? Der ist nun wiederum im Westen. Denn diesem geistig-politischen Leben des Ostens fehlt etwas: die Freiheit. Es ist eine Gebundenheit da, die bis zur Selbstentäußerung des Menschen in Brahma oder Nirwana geht. Es ist das Widerspiel aller Freiheit. Freiheit hat sich dafür der Westen erobert.

Wir sind dazwischen, wir müssen das synthetisch zusammenfassen. Solches können wir nur, wenn wir im Leben Freiheit und Brüderlichkeit klar auseinanderhalten und dazu das haben, was die Gleichheit ist.

Wir müssen *unsere Aufgabe* nicht nur so verstehen, dass sich alles für alle schickt. Denn es ist der Verderb alles Wirklichkeitsstrebens, wenn man abstrakt denkt. Diejenigen Menschen ruinieren alles wirklichkeitsgemäße Denken, die glauben, man könne über die ganze Erde hin ein einheitlich abstraktes Ideal aufstellen oder für die Gegenwart eine solche gesellschaftliche Ordnung bestimmen, die ewig gültig wäre.

Nicht nur Unsinn ist das, sondern Versündigung wider die Wirklichkeit. Denn jeder Raumteil und jeder Zeitteil hat seine eigene Aufgabe, die man erkennen muss. Dann aber muss man nicht zu faul sein, in die wirklich konkreten Menschenverhältnisse hineinzuweisen. Dann muss man seine Aufgabe darin erkennen, dass man die Tatsachen sinngemäß zu studieren versteht.

Immer mehr weg von einem solchen sinngemäßen *Studieren der Tatsachen* hat uns die neuere Volkspädagogik gebracht. Sie will nichts wissen von einem solchen konkreten Eingehen auf Erscheinungen. Denn da fängt gerade die Region an, wo sich der Mensch heute unsicher fühlt.

Die Menschen möchten heute definieren, statt zu charakterisieren. Sie möchten heute Tatsachengebilde in sich aufnehmen, statt diese Tatsachengebilde als bloße Symptome für dasjenige hinzunehmen, was sich in den tieferliegenden Impulsen ausdrückt.

Ich rede so, dass dasjenige, was ich sage, der Region entnommen sein soll, aus der heraus man heute pädagogisch sprechen müsste. Und diejenigen Menschen, die am besten auf Betrachtungen über eine solche Region eingehen können, die sind heute die besten Erzieher und Unterrichter – nicht diejenigen, die man abfragt, ob sie das oder jenes in diesem oder jenem Fach wissen. Das können sie aus dem Handbuch nachlesen, oder sie können sich aus dem Konversationslexikon für die Stunde vorbereiten.

Was sie als Menschen sind, das ist dasjenige, was für die zukünftigen Prüfungen in Betracht kommen müsste.

Ein solches Geistesleben in pädagogischer Wendung, das macht es schon aus sich selbst notwendig, dass man nicht bloß in einer gewissen einseitigen Weise für das Kulturleben präpariert wird, sondern dass man in allen drei Zweigen des Menschenlebens auch wirklich drinnen steht – als Geisteswirker wirklich drinnen steht.

Ich stehe nicht an, zu behaupten, dass derjenige, der nie mit der Hand gearbeitet hat, keine Wahrheit in der richtigen Weise sehen kann, dass er niemals richtig im Geistesleben drinnen stehen kann.

Das soll gerade erreicht werden, dass der Mensch in den drei Gebieten des dreigliedrigen sozialen Organismus hin- und hergeht, dass er reale Beziehungen zu allen drei Gliedern desselben anknüpft, dass er arbeitend, wirklich arbeitend ist in allen dreien.

Die Möglichkeiten dazu, oh, sie werden sich ergeben! Aber *der Sinn* dafür, der muss in die Köpfe namentlich der künftigen Jugendbildner durchaus hinein.

Dann wird ein anderer Sinn noch erwachen, der Sinn,

über das Spezialistentum hinauszugehen zu dem, was wir zu erzeugen versuchten durch das, was hier «Anthroposophie» genannt wird. Erreicht werden muss, dass nie der Faden zu einer allgemein menschlichen Betrachtung abreißt, zu einer Einsicht in dasjenige, was der Mensch eigentlich ist, dass man nie im Spezialistentum untergeht, obwohl man in der Spezialität seinen Mann stehen kann. Das erfordert allerdings ein viel aktiveres Leben, als es heute vielfach beliebt ist.

Ich habe öfter bei allerlei Gelehrten- und Fachversammlungen eine außerordentlich missstimmende Erfahrung gemacht. Sehen Sie, da kommen Leute mit dem ausdrücklichen Zweck zusammen, ihr Fach zu fördern. Nun ja, das wird auch stundenlang, manchmal sehr fleißig, sehr emsig getan. Aber dann habe ich oftmals einen sonderbaren Ausdruck gehört, den Ausdruck «Fachsimpelei».

Man wollte ja auch Stunden finden, wo man nicht mehr «fachsimpelt», nicht mehr von dem redet, was sein Fach ist. Es ist dann zumeist das dümmste Zeug, was da geredet wird, das langweiligste Zeug – aber es wird nicht gefachsimpelt! Es werden da die Leute ausgefragt und sonst manche Dinge besprochen, manchmal vielleicht auch bessere, aber das wird gar nicht gern gesehen. Kurz, man ist froh, wenn man über die Fachsimpelei hinaus ist.

Ja, beweist das nicht, wie wenig man mit demjenigen zusammengeschlossen ist, was man eigentlich für die Menschheit tut und tun soll, wenn man froh ist, wenn man ihm entschlüpfen kann? Und nun frage ich Sie: Wird jemals eine führende Menschheit, die so schnell wie möglich ihren Fächern zu entschlüpfen sucht, in der Lage sein, einer arbeitsfreudigen handarbeitenden Bevölkerung gegenüberzustehen?

Wenn Sie heute selbstgefällig über dasjenige reden, was bei der eigentlich handarbeitenden Bevölkerung als Schäden vorhanden ist, dann fragen Sie ja nicht diese handarbeitende Bevölkerung, sondern fragen Sie das Bürgertum, denn das hat die Schäden erzeugt, da sind sie überall zuerst zu finden.

Diejenigen, die in den verödenden Kapitalismus als Handarbeiter eingespannt sind, die können wahrhaftig nicht in eine Ordnung hineinkommen, in der ihnen ihre Arbeit Freude macht, wenn darüber die Schicht steht, die immer so schnell wie möglich demjenigen entschlüpfen will, in dem sie freudig drinnenstehen sollte.

Das sind die ethischen Nebeneffekte unserer bisherigen Pädagogik. Das ist dasjenige, was vor allen Dingen gesehen werden muss, was vor allen Dingen anders werden muss. Da ist vieles, was in den Denkgewohnheiten der Unterrichtenden und Lehrenden zukünftig anders drinnen sein muss, als es bisher war.

Was wollte ich Ihnen in diesen Ausführungen auseinandersetzen? Nun, ich wollte Ihnen klarmachen, wie radikal heute auf dasjenige hingewiesen werden muss, was zu geschehen hat. Wie es durchaus notwendig ist, herauszukommen aus dem Kleinlichen, aus dem furchtbar Kleinlichen, in das wir unsere Denkinhalte hineingezwängt haben, unser ganzes Empfindungs- und Willensleben hineingezwängt haben.

Wie soll denn ein Wille gedeihen – und wir brauchen diesen Willen in der Zukunft –, wenn er im Licht dieser kleinen, dieser Denkgewohnheiten kleinsten Kalibers, dieser Empfindungsgewohnheiten kleinsten Kalibers stehen soll?

Was haben wir heute alles nicht, was wir in der Zukunft haben müssen! Wir müssen eine *wirkliche Volkspsychologie* haben. Wir müssen wissen, was alles im Menschen ist, der heranwächst. Dieses Erkennen haben wir ausgeschaltet.

Statt dessen haben wir eine Prüfungsmethode bekommen, die am Menschen herumexperimentiert, weil sie nicht intuitiv auf Eigentümlichkeiten eingehen kann. Es sollen allerlei Apparate verraten, was der Mensch für Fähigkeiten hat. Und wir getrauen uns heute nicht, auf diese Dinge hinzuweisen. Warum?

Weil wir nicht das Interesse für diese Dinge aufbringen. Weil wir mit schlafender Seele durch die Welt gehen. Unsere Seele muss erwachen! Wir müssen auf die Dinge hinschauen. Dann werden wir sehen, dass vieles, was wir heute als großen Fortschritt verehren, Absurdität ist.

Dieser arme Pädagoge der Volksschule, er wird ja heute hinausgeschickt wie ein menschliches zahm gemachtes Kaninchen, um gar nicht sehen zu können, was eigentlich in der Welt lebt. Und der erzieht die Menschen, die dann so erzogen werden, dass sie an ihren Mitmenschen vorbeigehen und keine Ahnung haben, was in den Seelen dieser Mitmenschen lebt.

Jetzt ist es so – ganz abgesehen davon, dass viele Kreise des Bürgertums selbstverständlich keinen Willen haben, auf die großen zeitgenössischen Fragen und Impulse einzugehen –, dass diejenigen, die einen Willen haben, heute kaum zu brauchen sind, weil sie absolut nichts wissen von all dem, was notwendig ist, weil sie die Zeit vollständig verschlafen haben, in der sich das Proletariat, ich möchte sagen, Tag für Tag schon durch Jahrzehnte politisch geschult hat.

Und heute noch erlebt man es, ich muss schon sagen, in den seltensten Fällen, dass Proletarier sich finden, die immer wieder den Einwand machen, «keine Zeit» dafür zu haben, zu beschäftigt zu sein, wenn es sich darum handelt, heute über die großen Fragen der Zeit zu sprechen. Sie *suchen* sich die Zeit!

Klopft man irgendwo bei bürgerlichen Gruppen an, die haben alle so viel zu tun, dass sie «keine Zeit» haben, sich mit den zeitgenössischen Fragen zu beschäftigen. Sie haben alle so viel zu tun!

Aber daran liegt es nicht. Sie haben nämlich gar nicht einmal eine Ahnung, womit sie sich beschäftigen sollten. Sie können gar nicht irgendwo anfassen, weil sie durch nichts dazu erzogen worden sind.

Das ist wiederum keine pessimistische Betrachtungsweise. Das soll auch keine Predigt sein, sondern das ist einfach das Feststellen° einer Tatsache.

So haben wir es denn erlebt, dass da, wo das Leben selbst die Menschen gezwungen hat, sich zu schulen, sie sich geschult haben. Wo die Leute sich aus ihren eigenen Impulsen heraus hätten schulen können, da ist es unterlassen worden, da ist es vollständig unterblieben.

Deshalb stehen wir heute in der Misere drinnen. Deshalb hören wir über alles, was heute versucht wird, nicht allein das Reden aus bösem Willen, der ja auch schon reichlich vorhanden ist, sondern all das unverständige Zeug, das bloß aus der Unkenntnis des Lebens herstammt, weil keine Schule jemals dafür gesorgt hat, dass das Lernen gelernt wird.

Einzelne Kenntnisse sind wohl immer durch die Wände der Bequemlichkeit gesickert und den Menschen beigebracht worden. Aber es ist nicht aus der Art erfolgt, wie an den Menschen herangekommen wird, wenn der Mensch mit offenen Sinnen den Erscheinungen des Lebens gegenübersteht.

Viel, viel könnte heute schon durch die traurigen Tatsachen auch auf den Seiten eingesehen werden, wo man noch immer in der alten Weise fortredet und wo es einem so vorkommt, als wenn das Uhrwerk des Gehirns einmal aufgezogen wäre und nur absurren müsste.

Äußere Versammlungen verlaufen heute noch immer so, wie sie vor dieser Kriegskatastrophe verlaufen sind. Die Menschen haben in großer Anzahl von diesen furchtbaren Ereignissen wenig gelernt, weil sie eben nicht verstanden haben, zu lernen. Nun werden sie durch die Not lernen müssen, was sie durch die Schrecken nicht gelernt haben.

Ich habe Ihnen hier vorzeiten einen Ausspruch eines ganz bescheidenen und gebildeten Lebensbeobachters, Herman Grimm, angeführt, der auch in meiner Schrift *Die Kernpunkte der sozialen Frage* steht. Der Mann hat schon in den neunziger Jahren gesagt: «Wenn man das Leben um uns herum heute daraufhin anschaut, wohin es stürmt, namentlich mit den unaufhörlichen Rüstungen überall, dann ist es so, dass man am liebsten einen Tag des allgemeinen Selbstmordes festsetzen möchte.» So trostlos nimmt sich dieses Leben aus.

Doch die Leute wollten in Träumereien und Illusionen leben – die, die sich Praktiker nennen, am allermeisten.

Heute aber ist die Notwendigkeit da, aufzuwachen. Und wer nicht aufwacht, wird nicht mittun können an dem, was heute notwendig ist, notwendig für jeden einzelnen Menschen. Mancher weiß noch gar nicht einmal, wo er die Hand an den Hebel ansetzen soll.

Das wollte ich Ihnen sagen, gewissermaßen als eine Art von Auseinandersetzung, wie man sie heute gerade auf Lehrertagen geben sollte. Gerade vor solchen Leuten sollte man sie entwickeln, die die Jugend zu bilden haben. Denn die sollten hinschauen auf dasjenige, was geschehen muss.

Wenn wir diese Betrachtungen fortsetzen werden, werden wir wiederum näher auf speziell pädagogische, volkspädagogische Dinge eingehen.

Dritter Vortrag

Vom braven Bürger zum Menschen

durch freies Geistesleben und Kunst

Stuttgart, 1. Juni 1919

Meine lieben Freunde!

Heute kommt außerordentlich viel darauf an, dass die tieferen Zusammenhänge innerhalb der Gesellschaftsordnung der Menschheit wirklich gesehen werden.

Die Zeiten haben es mit sich gebracht, dass in vieler Beziehung die Menschen sich mit dem zufrieden gaben, was ich nennen möchte «Oberflächenanschauungen» – Anschauungen, die an der Oberfläche des Daseins gewonnen worden sind und die dann dazu geführt haben, dass man das eine für richtig hält oder, besser gesagt, dass der eine etwas für richtig hält, der andere für falsch, dass aber dann mit diesen Ansichten von richtig und falsch nichts anzufangen ist.

Es ist aus dem Grund mit ihnen nichts anzufangen, weil man sich zwar Gedanken bilden kann, die an der Oberfläche liegen, aber niemals irgendetwas Vernünftiges geschehen kann, wenn man solche Gedanken in die Wirklichkeit umsetzt. Die Wirklichkeit lässt sich Oberflächenansichten der

Dinge nicht so leicht gefallen wie der menschliche Kopf. Das ist ein Krebsschaden der heutigen Zeit.

Und ein weiterer Krebsschaden ist der, dass die Menschen nicht jene Selbstbesinnung aufbringen wollen, die ihnen im rechten Moment sagen würde: «Diese Dinge sind alle aus unserem persönlichsten Interesse heraus, die dürfen wir nicht etwa im sozialen Sinne auffrisieren. Wir dürfen nicht sagen, wenn wir etwas in unserem persönlichen Interesse tun wollen, dass dies ein Zweig irgendeiner sozialen Wirksamkeit sei.»

In dieser Beziehung erlebt man ja so manches. Es hat sich heute mancherlei von dem vergrößert, was seit Jahren vorhanden ist: Dass immer wiederum dasjenige, was hier von dieser Stelle aus gewollt wird, in das persönliche Interesse einzelner Kreise umgesetzt wird und dann gesagt wird, das sei irgendeine Konsequenz, eine Folge desjenigen, was von hier aus gewollt wird.

Ich sage das aus dem Grund, um darauf aufmerksam zu machen, dass heute der gute Wille vorhanden sein müsste, in die Dinge tiefer hineinzuschauen, über Oberflächenanschauungen hinwegzukommen.

Sehen Sie, nirgends mehr als auf pädagogischem Gebiet ist dieses Hinwegkommen über Oberflächenanschauungen notwendig, und nirgends mehr fehlt der gute Wille dazu als gerade auf diesem pädagogischen Gebiet. Denn auf diesem pädagogischen Gebiet ist es notwendig, wenn wirklich sozial gedacht werden soll, ich möchte sagen, bis in die elementarsten Dinge hinein seine Aufmerksamkeit zu wenden.

Das haben Sie vielleicht schon aus den beiden vorigen, an Pädagogisches anknüpfenden Vorträgen gesehen. Das möchte ich heute aber insbesondere als etwas gewahrt wissen, was durch das Anhören meines ganzen Vortrags durchgehen soll.

Sehen Sie, was wird heute schon von den untersten Schulstufen ab von Menschen, von kleinen Kindern, erlebt? Wenn das kleine Kind in die Schule geführt wird, dann ist für dasjenige, was da geschieht, fast alles andere maßgebend, nur nicht die Bedürfnisse, die Impulse des sich entwickelnden Menschen. Und mit dem Aufrücken von Schulklasse zu Schulklasse wird das immer schlimmer und schlimmer.

Bereits in einem Alter, das solche Dinge nicht im Geringsten verträgt, tritt zum Beispiel Folgendes ein: Der junge Mensch geht in die Schule zur ersten Schulstunde des Morgens. In dieser ersten Schulstunde ist, vielleicht aus den Bequemlichkeiten des Lehrerkollegiums heraus, sagen wir, Mathematik, Rechnen, angesetzt. Dann folgt vielleicht Latein, dann folgt vielleicht eine weitere Stunde religiösen Unterrichts. Und dann folgt vielleicht Musik oder Gesang oder vielleicht nicht einmal das, sondern es folgt vielleicht Geografie darauf.

Man kann das menschliche Gemüt nicht stärker von Grund auf ruinieren, als wenn man bei dem jungen Menschen in dieser Weise dafür sorgt, dass seine Konzentrationskraft auf das Allergründlichste zerstört wird.

Dasjenige, meine lieben Freunde, wo angefangen werden müsste, auf dem Gebiet des Unterrichts zu sozialisieren, das ist vor allen Dingen der *Stundenplan,* diese Mördergrube für alles dasjenige, was wahrhafte Pädagogik ist.

Der Stundenplan, der dann seine Fortsetzung durch alle Schulstufen findet, das ist dasjenige, was heute zuallererst bekämpft werden muss.

Notwendig ist, dass gesorgt werde, wenn überhaupt an eine Gesundung unseres Unterrichtswesens gedacht wird, dass in der Zukunft der heranwachsende Mensch so lange bei einer Sache bleiben kann, als das konzentrierte Verweilen auf einer Sache durch die Entwicklungszustände des Menschen notwendig ist.

Sodass zum Beispiel sorgfältig herausgefunden werden müsste: Für ein bestimmtes Lebensalter ist notwendig, dem heranwachsenden Menschen, sagen wir, mathematische oder physikalische Begriffe beizubringen.

Dann müsste dazu nicht der schlechteste Weg gewählt werden, dass eine oder drei oder fünf wöchentliche Schulstunden dafür angesetzt werden, sondern es müsste dieses Sichaneignen beim heranwachsenden Menschen *eine Epoche* werden, das heißt, er müsste immerzu, ohne durch anderes fortwährend gestört zu werden, eine gewisse Zeit seines Lebens hindurch sich auf eines konzentrieren.

Das heißt, man müsste aus wirklicher pädagogisch-psychologischer Anthropologie heraus zum Beispiel sich klar sein darüber, in welchem Lebensalter dem Menschen irgendetwas Arithmetisches beizubringen ist. In diesem Lebensalter müsste die Hauptsache auf Arithmetik gelegt werden, in diesem Lebensalter müsste der ganze Tag dazu verwendet werden, um die Hauptaufmerksamkeit auf Arithmetik zu lenken.

Das meine ich natürlich nicht so, dass nun der junge Mensch von morgens bis abends nur Mathematik treiben müsste, aber ich meine es so, wie ich genötigt war, es einmal zu machen, als ich ein psychopathisches Kind von elf Jahren zu erziehen bekam.

Da versuchte ich, auf ökonomische Weise vorzugehen. Da reservierte ich mir von allen Persönlichkeiten, die für die Erziehung des Kindes verantwortlich waren, dass ich selber in der Zeit, wo ich die Seele besonders auf eine bestimmte Sache konzentrieren wollte, den ganzen Plan zu entwerfen hatte für das, was sonst mit dem Kind getrieben wurde. Also soundso viel durfte Klavier gespielt werden, soundso viel durfte gesungen werden und so weiter.

Es handelt sich nicht darum, nun etwa wiederum die Seele mit irgendeinem Lehrstoff zu erfüllen, sondern darum, die ganze Entwicklung so einzurichten, dass die Seele von selbst sich in einer bestimmten Lebensepoche auf eines konzentrieren kann – und dass man, bevor man zu etwas anderem übergeht, es wirklich dahin bringt, dass ein gewisser Abschluss in einem einzelnen Zweig der Menschenbildung erreicht ist.

Sagen wir also: Es ist darüber nachzudenken, wie viel man in einer bestimmten Lebensepoche von Arithmetik einem Menschen beizubringen hat. Dann muss diese Lebensepoche damit abschließen, dass das junge sich entwickelnde Kind das Gefühl haben kann: «Jetzt habe ich in dieser Sache etwas erreicht.» Dann erst darf zu einem anderen sogenannten Gegenstand übergegangen werden.

Sie sehen also: Dasjenige, was jetzt die Grundlage unseres Unterrichtens bis in die höchsten Hochschulstufen ausmacht, das trägt zugleich die allergründlichsten Schäden unseres Unterrichtswesens an sich. Es kann kaum etwas Widersinnigeres geben, als wenn der Hochschüler zur Hochschule geht, so wie ich es zum Beispiel in meiner Zeit erfahren habe, und etwa hört:

Von 7–8 Uhr morgens praktische Philosophie,
8–9 Uhr Geschichtswissenschaft,
9–10 Uhr Literaturgeschichte,
10–11 Uhr Staatsrecht – und so weiter.

Nun liegt alldem nicht die Absicht zugrunde, die aber zugrunde liegen müsste, keinen Kuddelmuddel anzurichten in dem sich entwickelnden Menschen, sondern es liegt lediglich die Absicht zugrunde, allen Bequemlichkeiten der äußeren Schuleinrichtung zu dienen. Das ist ganz vorurteilslos anzuschauen.

Da liegt heute eine eminenteste Aufgabe vor. Das ist eine Aufgabe, von der man aber kaum glauben kann, dass in weitesten Kreisen nach den heutigen Denkgewohnheiten eine Neigung besteht, sich ernsthaft damit zu befassen.

Das ist es auch, was man meint, wenn man immer wieder sagt: Heute ist die Zeit nicht der kleinen, sondern der großen Abrechnungen. Die Leute glauben vielfach, der Zeit der großen Abrechnungen werde gedient, wenn man große Worte spricht.

Ihr wird aber nur gedient, wenn man sich mit innerem Mut an große Wandlungen heranmacht und wenn man nicht den Mut verliert, allem entgegenzutreten, was sich solchen großen Wandlungen entgegenstellt.

Ein anderes ist dasjenige, was in den weitesten Kreisen heute für fast unerlässlich gehalten wird, was insbesondere eine große Bedeutung für die unteren Schulstufen hat: Das ist die sogenannte *staatliche Schulaufsicht.*

Es kann nichts Ruinöseres (Verderblicheres) für eine wirklich sachgemäße Entwicklung des Geisteslebens geben als eine solche amtliche oder halbamtliche Schulaufsicht.

Dasjenige, was Bedürfnis des Geisteslebens im Schulwesen ist – und derjenige, der in die Dinge innerlich hineinschaut, der könnte das wissen –, was zu einer wirklich gedeihlichen Fortentwicklung notwendig ist, das erfordert eine Rücksichtnahme auf alle einzelnen Augenblicke, die sich aus dem lebendigen Unterricht selber ergeben. Das kann und darf niemals durch irgendeine außenstehende Schulaufsicht beurteilt werden.

Einem Menschen, dem man einmal in der Selbstverwaltung des Geisteslebens durch all die Vorsichten, die dazu notwendig sind, das Vertrauen geschenkt hat, dass er auf irgendeiner Stelle Menschen erzieht oder unterrichtet, dem darf, solange er auf seinem Posten steht, niemand in seine Methodik oder dergleichen hineinreden.

Das ist etwas, was viele Leute heute noch nicht verstehen. Aber mit diesem Nichtverstehen verstehen sie zugleich nicht eine der Grundbedingungen alles wirklich reifen Geisteslebens.

Sie sehen daraus, in welch radikaler Weise Hand angelegt werden muss an all dasjenige, was heute die Leute als etwas Selbstverständliches hinnehmen, ja, dessen Erstarkung sie sogar noch fordern. Denn es gibt doch kaum irgendein, sagen wir, auch nur soziales Programm, das aus Parteidenken hervorgeht, und das nicht irgendwelche Punkte über amtliche oder halbamtliche Schulaufsicht hat.

Damit ist nicht irgendjemand ein Vorwurf gemacht, auch nicht einer Partei ein Vorwurf gemacht, sondern einfach auf dasjenige hingewiesen, was sich gerade aus dem verkehrten Geistesleben ergeben hat, das allmählich heraufgekommen ist.

Man kann ja, meine lieben Freunde, diese Verkehrtheiten des Geisteslebens besonders studieren, wenn man an die höheren Schulstufen herangeht. Wie hat sich denn eigentlich unser Hochschulwesen entwickelt? Das konnte man sogar noch in der zweiten Hälfte des 19. Jahrhunderts gut beobachten.

Sehen Sie, schließlich sind all diejenigen Menschen, die gerade innerhalb des deutschen Geisteslebens es irgendwie zu dem gebracht haben, was eine gewisse Weltbedeutung hat, herangewachsen, als das neuere System die Grundlage einer wirklich geistigen Entwicklung noch nicht zerstört hatte.

Goethe hat schon genügend über die Hindernisse geschimpft, die ihm seine Schulverfassung in den Weg gelegt hat. Man sollte sich erst einmal Rechenschaft darüber ablegen, wie anders dasjenige, was in Goethes *Dichtung und Wahrheit* über Professor Ludwig und andere steht, sich ausnehmen würde, wenn Goethe mit 18, 19 oder 20 Jahren in einen heutigen Hochschulzwang hineingezwängt worden wäre. Diese Dinge müssen heute durchaus angeschaut werden.

Was ist denn eigentlich ausgemerzt worden, nach und nach ausgemerzt worden?

Sehen Sie, als das Gymnasium, das heute ja ein Schreckgespenst ist gegenüber den Forderungen der Zeit, die einzige Vorbereitungsstätte für das höhere Bildungswesen war, als es noch den Typus des alten Klostergymnasiums hatte, das natürlich für seine Zeit gar nicht so schlecht war, da hatte es noch einen letzten Rest von dem, was man so charakterisieren könnte: Der Mensch nimmt etwas in sich auf, was ihn auf den Standpunkt einer *allgemeinen Weltanschauung* bringt.

Es figurierte im Studienplan der Gymnasien die sogenannte philosophische Propädeutik. Sie wurde allerdings nur in den beiden letzten Jahrgängen gepflegt. Es wurde zumeist zwar das gemacht, dass das, was in den zweiten Jahrgang gehörte, in den ersten genommen wurde, und was in den ersten gehörte, in den zweiten genommen wurde.

Nun aber, es war wenigstens etwas da, es war ein stehengebliebener Rest von dem da, wofür in den älteren Hochschulen gesorgt wurde, dass die ersten Jahre, die der Mensch an der Hochschule zubringt, jedem die Möglichkeit gaben, etwas von allgemeiner Weltanschauung in sich aufzunehmen, etwas von dem in sich aufzunehmen, was ihm überhaupt erst die Berechtigung geben kann, sich in ein besonderes Berufsstudium hineinzubegeben.

Denn niemand kann in Wirklichkeit in einem besonderen Berufsstudium etwas taugen, der nicht durch einen propädeutischen, einen vorbereitenden Unterricht die Möglichkeit gewonnen hat, über allgemeinmenschliche Angelegenheiten sich ein verständig empfindendes Urteil zu bilden.

Man hält es heute für überflüssig, dem Menschen in einer wahren Gestalt etwas an logischen, etwas an psychologischen Begriffen beizubringen. Niemand kann aber vorteilhaft überhaupt irgendeinen Zweig des höheren Geisteslebens studieren, der nicht den Durchgang durch solche logischen und psychologischen Vorstellungen genommen hat, der sich nicht erst dadurch gewissermaßen die innere Berechtigung dazu erworben hat.

All diese Dinge hat das neuere Kulturgeistesleben absolut ausgemerzt. Dieses will gar nicht mehr auf den Menschen überhaupt sehen, dieses neuere Kulturgeistesleben will aus Impulsen heraus, die dem Geistesleben ganz fremd sind, das Geistesleben dressieren.

Sehen Sie, das hat aber dazu geführt, dass dasjenige, was in unserem allgemeinen Geistesbetrieb drinnen steckt, eben gar nicht mehr irgendwie das Gepräge einer einheitlichen Kultur trägt. Das hat uns zersplittert, und es hat bis jetzt nicht bewältigen können, was wir werden bewältigen müssen.

Derjenige, der Erfahrung hat auf diesem Gebiet, der weiß, wie in unzähligen Lobreden das sogenannte *Spezialistentum* der neueren Zeit gepriesen worden ist. Man hat betont, unser Kulturleben habe eine solche Ausbreitung erfahren, dass der Mensch nur einen einzelnen speziellen Zweig fruchtbar beherrschen kann. Man hat damit auf etwas hingewiesen, was von der einen Seite her, ich möchte sagen, selbstverständlich ist.

Aber man hat sich aus innerer Bequemlichkeit zugleich dieser Selbstverständlichkeit mit wahrer Wollust hingegeben. Denn man braucht ja jetzt nichts anderes, als sich einzukapseln in irgendeine Spezialität. Und gerade durch das Sicheinkapseln in irgendeine Spezialität wird man ein für die heutige Zeit besonders berechtigter «Kulturmensch»!

Natürlich kann derjenige, dem die Kultur am Herzen liegt, nicht hoffen, und er kann es auch nicht wollen, dass das Spezialistentum sich umwandeln soll in einen allbeherrschenden Dilettantismus. Aber dasjenige, was angestrebt werden muss, ist, dass die ganze Erziehung, das ganze Schulwesen für den Menschen so eingerichtet werde, dass er, ich möchte sagen, in einer unteren Schicht seines Bewusstseins immer die Möglichkeit hat, von seiner Spezialität aus verständnisvolle Fäden zur gesamten Kultur zu ziehen.

Das kann nicht anders geschehen, als dass man jeder Hochschule einen Unterbau von *allgemeiner Menschenbildung* gibt.

Diejenigen, die heute zu den Zöpfen gehören, die werden einwenden: «Ja, was tun wir denn dann mit der Fachbildung?» Man sollte nur wirklich einmal prüfen, wie ökonomisch man mit der Fachbildung dann, wenn die Spezialitäten beginnen, vorgehen kann, wenn man auf allgemein gebildete Menschen wirken kann, auf Menschen wirken kann, die wirklich etwas Menschliches in sich haben.

Heute sind wir ja nun durch unsere perversen Kulturverhältnisse leider so weit, dass man in seiner Spezialität der höchstentwickelte Mensch sein kann und in Bezug auf alle großen Menschheitsfragen blitzdumm sein kann, nichts verstehen kann von diesen.

Wir haben heute einmal die sonderbare Erscheinung vor uns, dass derjenige, der nur eine Volksschule oder vielleicht diese nicht einmal ordentlich durchgemacht hat, aber durch das Leben gezerrt worden ist, über allgemeinmenschliche Verhältnisse Besseres zu sagen hat als derjenige, der durch Hochschulbildung durchgegangen ist und ein exzellenter Mensch auf seinem Gebiet geworden ist.

Sehen Sie, gegen diese Erscheinung hat man heute zu kämpfen, wenn man überhaupt nur daran denkt, in die Tiefe hinein diejenigen Impulse zu senden, die allein zu einer Besserung führen können, die nicht bloß dahin führen, an der Oberfläche allein Maßnahmen zu treffen, wie es die Leute wollen, die nicht dahin gehen, wohin zu gehen die Wirklichkeit fordert, wenn tatsächlich etwas geschehen soll.

Natürlich haben wir heute das Übel schon so weit getrieben, dass wir für den Unterbau der Hochschule gar nicht mehr die geeigneten Persönlichkeiten haben, dass wir in der furchtbaren Lage sind, für eine allgemeine Menschenbildung überhaupt keine Lehrer mehr zu haben.

Denn wir haben es ja dahin gebracht, meine lieben Freunde, dass gerade unsere Hochschulen verschlafen haben, ich möchte sagen, die alleräußersten Ranken der Kultur.

Man kann es erleben, dass an unseren Hochschulen irgendeine Wissenschaft in der Stunde, in der sie angesetzt ist, aus dem Kollegienheft von irgendeinem Professor vorgelesen wird, dass der Student sich die Sache anhört, dass er sich dann irgendwelche Nachschriften kauft, um sich schriftlich für das Examen einzudressieren. Es ist das sogar ein ziemlich gewöhnlicher Vorgang.

Was heißt das aber in Wirklichkeit? Das heißt in Wirklichkeit: Der junge Mann hat die Zeit völlig versessen, die er da zugehört hat, denn dasjenige, was wirklich geschehen ist, das ist ja nur das, dass er die Nachschriften sich eindressiert hat. Wenn er bloß das gemacht hätte, so hätte er wirklich alles das getan, was eine Wirklichkeit an der Sache ist.

Das heißt: Dass der Professor sich aufs Podium heraufstellt und sein Kollegheft abliest, ist eine völlig unnötige Sache, ist absolut überflüssig.

Nun wird leicht gesagt werden können: «Da haben wir also einen solchen Banausen° vor uns, der die Abschaffung der Vorlesungen° verlangt.»

Nein, das ist nicht der Fall, ich verlange ganz gewiss nicht die Abschaffung der Vorlesungen°. Ich mache nur darauf aufmerksam, dass die Vorlesungen° heute mit Nichtberücksichtigung der kulturgeschichtlichen Tatsache gelesen werden, dass einmal die Buchdruckerkunst erfunden worden ist, dass dasjenige, was man bloß vorliest, wirklich besser in den Hirnkasten hineindringt, wenn es in einem ordentlich geschriebenen Buch gelesen wird.

Aber ich mache auch darauf aufmerksam, dass das Beste, was man durch ein gut geschriebenes Buch bekommen kann, kaum ein Zehntel von dem sein kann, was wirklich aus der unmittelbaren Persönlichkeit des Unterrichtenden so hervorgeht, dass eine *seelische Verbindung* zwischen dem Unterrichtenden und demjenigen entsteht, der unterrichtet wird.

Das kann aber nur in einem auf sich selbst gestellten, sich selbst verwaltenden Geistesleben geschehen, wo die Individualität sich voll entfalten kann, wo nicht Traditionen, wie es bei den Universitäten oder anderen Hochschulen ist, jahrhundertelang herrschen, sondern wo der Einzelne die Möglichkeit hat, bis ins Einzelnste hinein *er selbst zu sein*.

Dann wird gerade von dem mündlichen Unterricht das ausgehen, wovon man sagen kann: Wir haben auch alles dasjenige abgestoßen, was durch die Buchdruckerkunst und durch die Illustrationskunst und so weiter in die Menschheit kommen will. Aber wir haben gerade dadurch, dass wir das abgestoßen haben, die Möglichkeit bekommen, ganz neue Lehrfähigkeiten zu entwickeln, die heute noch in der Menschheit schlafen.

Diese Dinge gehören auch zu den sozialen Fragen der Gegenwart – und sie gehören sogar in allererster Linie dazu. Denn erst, wenn man Herz und Sinn für diese Dinge haben wird, wird man auch in dasjenige eindringen können, was heute sonst vonnöten ist.

Sehen wir uns einmal an, was aus der verkehrten höheren Bildung für die *allgemeine soziale Lage* herauskommt.

Ich habe gestern sogar im öffentlichen Vortrag darauf aufmerksam machen müssen, dass wir im Grunde genommen gar keine Spiegelung der wirklichen sozialen Zustände haben – weder in der Nationalökonomie des Bürgertums noch in der Nationalökonomie des Proletariertums –, weil wir einfach nicht die Kraft hatten, zu einer wirklichen sozialen Wissenschaft zu kommen.

Was ist unter dem Bürgertum statt der sozialen Wissenschaft entstanden? Etwas, auf was man sehr stolz ist, was man nicht müde wird, immer wieder und wieder zu preisen: Das ist die moderne «Soziologie».

Sehen Sie, diese moderne Soziologie ist das unsinnigste Kulturprodukt, das überhaupt hat entstehen können. Denn diese Soziologie sündigt wider alle elementarsten Notwendigkeiten, die eine soziale Wissenschaft haben müsste.

Diese Soziologie sucht ihre Größe darin, dass sie von all dem absieht, was zum sozialen Wollen, zum sozialen Impuls führen könnte, dass sie bloß historisch und statistisch die sogenannten soziologischen Tatsachen verzeichnet, damit sie scheinbar den Beweis liefert, dass der Mensch eine Art soziales Tier ist, dass der Mensch in der Gesellschaft drinnen lebt.

Diesen Beweis, den hat sie, allerdings unbewusst, recht stark geliefert, diese Soziologie! Sie hat ihn dadurch geliefert, dass sie nichts anderes zutage förderte als die plattesten soziologischen Urteile, das heißt diejenigen, welche allgemein, welche Gemeingut sind – Trivialitäten.

Nirgends aber ist der Wille vorhanden, die Erkenntnisse der Gesellschaftsgesetze so zu finden, wie sie in das menschliche soziale Wollen einlaufen müssen. Damit ist aber auf diesem Gebiet die Kraft des Geisteslebens überhaupt gelähmt.

Wir haben in allen nicht proletarischen Schichten heute, das muss ruhig zugestanden werden, überhaupt kein soziales Wollen. Das soziale Wollen fehlt vollständig, weil gerade da, wo es hätte gepflegt werden sollen – im Hochschulunterricht –, Soziologie an die Stelle von Sozialwissenschaft getreten ist, ohnmächtige Soziologie an die Stelle von den Willen durchpulsender, den Menschen anregender

Sozialwissenschaft.

Bis in die Tiefen des Kulturlebens hinein gehen diese Dinge: Da müssen sie aufgesucht werden, sonst kommt man ihnen überhaupt niemals bei.

Man denke sich nur einmal, wie anders die Menschen im Leben drinnen stehen würden, wenn erfüllt würde, was in einer vorigen Betrachtung hier ausgesprochen worden ist: Statt dass die Menschen den Blick in urälteste Kulturepochen abgewendet bekommen, die unter ganz anderen Gesellschaftsverhältnissen ihre Struktur empfangen haben, müsste der Mensch gerade in dem Lebensalter vom 14., 15. Jahr aufwärts, wo die «Empfindungsseele»[5] fein vibrierend zum Dasein kommt, unmittelbar in das allerallernächstliegende gegenwärtige Leben eingeführt werden.

Er müsste kennenlernen, was auf dem Acker vor sich geht, er müsste kennenlernen, was im Gewerbe vor sich geht, er müsste die verschiedenen Handelsverbindungen kennenlernen. Das alles müsste der Mensch aufnehmen.

Und man denke sich, wie er dann ganz anders ins Leben hinaustreten würde, wie er ein selbständiger Mensch wäre und wie er nicht sich dasjenige aufdrängen lassen würde, was heute oftmals gerade als die höchste Errungenschaft der Kultur gepriesen wird, was aber nichts anderes ist als die wüsteste Dekadenzerscheinung.

---

5 Siehe Fachausdrücke auf S. 131.

Nur auf dem Boden eines sich selbst verwaltenden Geisteslebens kann zum Beispiel auch *wirkliche Kunst* gedeihen. Und wirkliche Kunst, meine lieben Freunde, ist Volkssache, wirkliche Kunst ist im eminentesten Sinne etwas Soziales.

Derjenige, der den griechischen, den romanischen, den gotischen Baustil studiert in dem Sinne, wie das heute oftmals geschieht, der weiß über dasjenige, was in Betracht kommt, im Grunde genommen noch recht wenig. Erst derjenige kennt, was im griechischen, im romanischen, im gotischen Baustil liegt, der weiß, wie die ganze soziale Struktur der Zeit, als diese Stile herrschten, in Formen, in Linienführung, in Abbildlichkeit innerhalb dieser Stile zu sehen war, wie die Kunst in den menschlichen Seelen fortschwang.

Was der Mensch im Alltag tat, war bis in die Fingerbewegungen hinein ein Fortschwingen desjenigen, was er sah, wenn er diese Dinge betrachtete, die ihm die Möglichkeit boten, die reale Wesenheit eines Baustils wirklich in sich aufzunehmen.

Man bedarf heute der Einsetzung der Ehe zwischen Kunst und Leben, die aber nur auf dem Boden eines freien Geisteslebens gedeihen kann.

Oh, welcher Jammer, meine lieben Freunde, dass unsere Kinder in Schulstuben geführt werden, die wahrhaftig barbarische Umgebungen für die jungen Gemüter sind.

Man denke sich jede Schulstube nicht in der «dekorativen» Weise künstlerisch ausgestaltet, wie man sich das heute oftmals denkt, sondern man denke sie sich von einem Künstler so ausgestaltet, dass dieser Künstler die einzelnen Formen zum Beispiel mit dem in Einklang gebracht hat, worauf das Auge fallen soll, während das Kind das Einmaleins lernt.

Die Gedanken, die sozial wirken sollen, können nicht sozial wirken, wenn nicht, während diese Gedanken sich formen, in einer Nebenströmung des geistigen Lebens in die Seele dasjenige einzieht, was aus einer wirklich lebensgemäßen Umgebung herkommt. Dazu aber bedarf es auch für das Künstlertum, sagen wir, eines ganz anderen Lebensganges, als ihm heute während des Heranwachsens gegönnt ist.

Es wird ja heute gerade derjenige, der, ich möchte sagen, den künstlerischen Trieb in sich fühlt, gar nicht die Möglichkeit haben, dem Leben nahezukommen. Fühlt er in sich den Trieb, sagen wir, Maler zu werden, dann drängt ihn das Leben dazu, möglichst früh irgendwelche Schinken anzustreichen, denn er meint, dass es darauf ankäme, irgendetwas zu schaffen, was innere Befriedigung gibt.

Selbstverständlich kommt es darauf an, aber es handelt sich darum, ob zuerst der Impuls für diese innere Befriedigung den Weg hinaus ins Leben gefunden hat, so dass man die größte innere Befriedigung dann empfindet, wenn man zuerst das Leben fragt: Was ist zu schaffen? – und wenn man immer auch die Verpflichtung, die gewissenhafte Verpflichtung fühlt, dass man dem Leben nichts entnimmt, was man ihm nicht wieder zurückgibt.

Dadurch, dass heute die Maler Landschaften für diejenigen Leute liefern, die doch nicht viel davon verstehen, dadurch wird nicht Kunst gefördert, sondern Kunst in den Abgrund hineingeworfen. Wir haben so eine unnötige Luxuskunst neben einer barbarischen Gestaltung unserer Lebensumgebung.

Denken wir uns nur einmal, dass der Zustand eintritt, den herbeizuführen mein Buch über die soziale Frage bestrebt ist, wo aus dem einfachen Grund, weil jedes Produktionsmittel nur so lange etwas kosten kann, bis es fertig ist, und es nach Fertigstellung frei in den Gesellschaftsbau übergeht, denken wir uns, wie da jedes egoistische Interesse wegfallen würde, wie ganz von selbst, instinktiv-intuitiv in jedem, der schafft, die Tendenz aufkeimen würde, für die ganze Menschheit zu schaffen, wie er diese Möglichkeit suchen würde, für die ganze Menschheit zu schaffen, statt dessen, was heute bei vielen vorliegt, dass sie für die Kapitalisten nach deren Unbedürfnissen schaffen.

Das ist ja vor allen Dingen die Aufgabe, so zu sozialisieren, dass unter der Sozialisierung nicht alles Geistesleben unter die Räder kommt.

Sehen Sie, in diesem Punkt haben ja unsere leitenden,

führenden Kreise überhaupt noch nicht einmal den allerersten Impuls, auf das Richtige zu sehen.

Diese Kreise skandalisieren (empören) sich heute über Spartakisten, Bolschewisten und so weiter. Ja, die Spartakisten, die Bolschewisten haben sich nicht selber gemacht. Wer hat sie gemacht? Unsere leitenden, führenden Kreise! Denn die haben keinen Impuls in sich gefühlt, eine *wirkliche Volkskultur* zu begründen.

Es gäbe keinen Bolschewismus und keinen Spartakismus, wenn die leitenden, führenden Kreise ihre Pflicht getan hätten – abgesehen davon, dass Spartakismus und Bolschewismus auch nicht so sind, wie die Leute in den führenden Kreisen sie sich heute ausmalen, um Schauerstücke vor die Welt hinzustellen und ihre Kanonen zu rechtfertigen. Das nur nebenbei.

Heute wäre insbesondere in den leitenden, führenden Kreisen ein klares und ungefärbtes In-sich-Einkehren notwendig. Dazu ist wenig, wenig Neigung vorhanden.

Sehen Sie, das Zeug zu einer Besserung der Seele, das hat wahrhaftig die Menschheitsentwicklung noch nicht aus dieser Seele herausgerissen, das könnte noch immer da sein.

Das könnte selbst, und da sogar in besonderem Maße, im *deutschen Volk* sein. Aber dieses deutsche Volk, das hat seit langer, langer Zeit stets davon abgesehen, die Keimkräfte der eigenen Gedanken, der eigenen Empfindungen, der eigenen Willensimpulse in sich zu entwickeln.

Und bis in die unterste Schulstufe sind die Impulse eingeimpft worden, die den so großartig angelegten deutschen Menschen zu einer Obrigkeitsmaschine machen, zu einer Maschine, die blind der Obrigkeit folgt.

Es ist ein Zusammenhang zwischen all dem, was heute uns so furchtbar vor Augen tritt, und dieser falschen Erziehung, dieser Erziehung, die den Menschen nicht frei und selbständig macht, weil sie selbst nicht frei und selbständig ist.

Diese Erziehung, die sich umso wohler fühlt, je mehr sie in den Staat eingeschnürt sein kann, damit sie sich dann weiter wohlfühlen kann, wenn in unzähligen Versammlungen der Beschluss gefasst werden kann: Wir stehen voll Vertrauen zu der Regierung, die in Versailles[6] jetzt das Nö-

---

6 Bei den Friedensverhandlungen am Ende des 1. Weltkrieges, die dem deutschen Volk unmenschliche Verpflichtungen auferlegt haben. Dies vor allem auf Betreiben der französischen Delegation, worauf Steiner einige Seiten später hinweist. Vgl. John M. Keynes, *The Economic Consequences of the Peace* (Harcourt, Brace and Howe, 1920, S.32) über Clemenceau: «*He felt about France what Pericles felt of Athens – unique value in her, nothing else mattering; but his theory of politics was Bismarck's ... His principles for the peace can be expressed simply. In the first place, he was a foremost believer in the view of German psychology that the German understands and can understand nothing but intimidation, that he is without generosity or remorse in negotiation, that there is no advantage he will not take of you, and no extent to which he will*

tige dazu beiträgt, uns den Kragen abzuschneiden. In unzähligen Versammlungen werden die Beschlüsse gefasst: «Wir stehen fest hinter dieser Regierung!»

Während in Wahrheit in dieser Regierung kaum ein Mensch sitzt, der hineingehört, während die ersten Anforderungen diese wären, offen und frei zu gestehen: Alles dasjenige, was da geschieht, ist nur die Fortsetzung jenes Unheils, das sich in deutschen Gauen im Unglücksjahr 1914 vollzogen hat.

---

not demean himself for profit, that he is without honor, pride, or mercy. Therefore you must never negotiate with a German or conciliate him; you must dictate to him». Deutsch von M.J. Bonn und C. Brinkmann, *Die wirtschaftlichen Folgen des Friedensvertrages* (Verlag von Duncker & Humblot, 1921, S.23-4): *«Er fühlte für Frankreich wie Perikles für Athen – seinen einzigartigen Wert, nichts anderes daneben –, aber seine politische Theorie war die Bismarcks. ... Seine Grundsätze für den Frieden lassen sich einfach ausdrücken. Zunächst glaubte er fest an die Auffassung der deutschen Psyche, daß der Deutsche nichts als Einschüchterung versteht und verstehen kann, daß er bei Verhandlungen weder Edelmut noch Gewissensbisse kennt, daß es keinen Vorteil gibt, den er nicht über seinen Gegner wahrnimmt und keinen Grad, bis zu dem er sich nicht des Vorteils wegen erniedrigt, daß er keine Ehre, keinen Stolz und kein Mitleid besitzt. Deshalb darf man niemals mit einem Deutschen verhandeln oder ihn zu gewinnen suchen. Man muß ihm diktieren.»* Der Engländer Keynes war selber in Versailles bei den Friedensverhandlungen dabei. Er verließ nach Monaten die Konferenz wegen seiner Überzeugung, dass die Anforderungen an Deutschland jedes Maß an Vernünftigkeit überstiegen und nur zu weiteren Kriegen führen würden.

In diese Dinge hinein ergießen sich die Fehler unseres Erziehungswesens. Und diese Fehler unseres Erziehungswesens, sie haben dem Menschen alle Möglichkeit genommen, Augenmaß für die Ereignisse des Lebens zu haben.

Wie ich Ihnen heute geschildert habe, dass auf der einen Seite vernünftiges Schulwesen, das auf Konzentration, nicht auf den verruchten Stundenplan, sieht, wie solches Erziehungswesen in den Menschen selbständige Verstandeskraft und Vernünftigkeit hineinbringen würde, so würde wahres Durchdringen unserer Gesellschaft mit sozialer Kunst schon von der Erziehung aus eine richtige Willenskultur zustande bringen.

Denn niemand kann wollen, dem nicht der Wille durch echte künstlerische Erziehung anerzogen wurde.

Dieses Geheimnis vom Zusammenhang der Kunst mit dem Leben und namentlich mit dem Willenselement des Menschen, dieses zu erkennen, das ist eine der allerersten Anforderungen künftiger psychologischer Pädagogik. Und alle zukünftige Pädagogik muss psychologisch sein.

Die Erbauer dieser Psychologie werden sogar kaum, so wie die Dinge jetzt stehen, wo alle Psychologie den Leuten ausgetrieben ist, andere Menschen sein können als die Künstler, die noch ein wenig Psychologie in ihren Adern haben, während Psychologie sonst aus unserer Bildung verschwunden ist. In der wissenschaftlichen Bildung ist auch nicht ein Atömchen mehr davon vorhanden.

Eine solche Hineinstellung in das Leben, die wäre möglich, wenn wirklich einer für alle und alle für einen arbeiten würden, weil dann die Produktionskräfte so angewendet würden, dass die Zeit zu solcher Erziehung vorhanden wäre. Sie könnte vorhanden sein, denn viel Humbug, der heute geredet wird, brauchte gar nicht geredet zu werden, wenn man ernst und offen reden wollte, wenn erfüllt würde, was auch dem Geistesleben nur nützen kann – dass ineinanderarbeitet Handarbeit und Geistesarbeit, was in der Zukunft doch angestrebt werden muss.

Dann würde auf der ganzen Erde, wenn jeder⁺ seinen Teil Handarbeit verrichten würde, kein Mensch mehr als höchstens 3 bis 4 Stunden am Tag handzuarbeiten brauchen. Eine wenigstens approximative Rechnung ergibt dieses.

Was über 3 bis 4 Stunden hinaus handgearbeitet wird, das bewirken nicht die in der Menschheitsentwicklung liegenden Notwendigkeiten, das bewirken[7] die unzählig unter uns wandelnden Faulenzer und Rentengenießer.[8] Aber

---

7 An dieser Stelle steht in der Klartextübertragung, im Erstdruck 1919 und in GA192 folgender Zusatz: «– das kann man ohne Emotion, ohne alle Aufregung heute sagen als vollständig objektive Tatsache –», den der Redakteur für nicht von Steiner stammend hält.

8 Damals hatte dieses Wort eine andere Bedeutung als heute: Ein «Rentier» (ein Rentengenießer) war jemand, der unabhängig davon, ob er für die Gesellschaft etwas leistet, rein von den Zinsen seines Kapitals lebt.

diesen Dingen muss eben ganz notwendig ehrlich und aufrichtig ins Auge geschaut werden.

Denn die Korrektur dieser Verhältnisse hängt nicht allein davon ab, dass da oder dort im Kleinen etwas geändert wird, sondern sie hängt davon ab, dass wir unsere Erziehung, unsere Volkspädagogik so einrichten, dass die Menschen durch die Erziehung, durch das Schulwesen, Augenmaß bekommen.

Heute liegt dic Sache so, dass unser Erziehungswesen Menschenpflanzen an die Oberfläche treibt, die nicht das geringste Augenmaß für die Dinge haben, die um uns herum vorgehen.

Daher sind alle die Nachrichten, die zum Beispiel von Versailles kommen, so unsinnig, weil niemand ein Urteil darüber hat, welches Gewicht das eine oder andere hat, aus welchen Motiven heraus das eine oder andere Volk urteilt, was bei dem einen oder anderen Volk aus seiner menschlichen Wesensgrundlage eine Notwendigkeit ist. Daher wird man auch nicht verstanden, wenn man über solche Dinge redet.

Würde auch nur ein Fünkchen von dem Wesen des dreigliedrigen sozialen Organismus in das menschliche Verständnis einziehen können, so würde man sehen, wie dasjenige, was uns vom Westen droht, die Überflutung allen Geistes- und politischen Lebens mit dem Wirtschaftsleben ist; wie dasjenige, was vom Osten zu uns dringt, auch aus Russland heraus, der Aufschrei der Menschheit ist nach Herausrettung des Geisteslebens aus dem Wirtschaftsleben.

Zwei Pole stehen sich entgegen, der Westen und der Osten. Und wir in der Mitte haben die Aufgabe, auf den Westen hinzusehen und seine Schäden nicht bei uns aufkommen zu lassen, auf den Osten hinzusehen und dasjenige aus uns selbst zu pflegen, was er uns sonst nicht nach Jahrhunderten, sondern nach Jahrzehnten auferlegen muss, weil der Menschheit das auferlegt werden muss, was sie sich nicht selber auferlegt.

Wir haben die Aufgabe, hier in der Mitte Europas dasjenige zu pflegen, was nur aus dem dreigliedrigen sozialen Organismus heraus gepflegt werden kann.

Würde heute eine Übermacht der Kultur des Ostens entstehen, dann würde die Erde mit nebuloser Mystik überschwemmt werden, die Erde würde mit wirklichkeitsfremder Theosophie überschwemmt werden; würde eine Übermacht des Westens entstehen, dann würde die Erde überschwemmt werden, tyrannisiert werden durch das bloße materielle Leben.

Diese Aufgabe haben wir: zwei furchtbare Schädigungen der Menschheit abzuhalten durch eine *vernünftige Dreigliederung* des sozialen Organismus, dadurch, dass wir das Wirtschaftsleben und das Geistesleben verselbständigen – und dem Staat die Möglichkeit nehmen, die Dinge so weit zu treiben, bis von Westen und Osten, über uns zusammenbrechend, unser Untergang kommt.

Sehen Sie, ein objektiver Blick nach dem Westen hin ergibt, wie sehr man heute vor allen Dingen auf alles dasjenige aufmerksam sein müsste, was von den romanischen Völkern ausgeht. Denn nichts könnte für uns gefährlicher sein, als wenn wir uns Illusionen darüber hingeben würden, dass aus sehr tiefen, tiefen Grundlagen heraus vor allen Dingen Frankreich an unserem Untergang arbeitet. Wenn wir Frankreich daran hindern, dann kommen wir über dasjenige, was uns von englischer Seite droht, leicht hinweg.

Aber dazu gehört Unterscheidungsvermögen, ein Augenmaß für die Dinge. Dazu ist vor allen Dingen die Einsicht notwendig, dass alle diejenigen, die heute in Versailles von Deutschland aus über das Schicksal Deutschlands verhandeln, nicht weiter als Instrumente für diese Verhandlungen verwendet werden.[9] Das sind Dinge, die eben heute

---

9 Dieser Satz lautet in GA192 (S.142) und in der Klartextnachschrift wie folgt: *«Dazu ist vor allen Dingen notwendig die Einsicht, daß, vielleicht mit wenig Ausnahmen, alle diejenigen, die von Deutschland aus – ich weiß nicht, wie man sagen soll, damit man niemand kränkt – heute in Versailles über das Schicksal Deutschlands verhandeln, nicht weiter als Instrumente verwendet werden für diese Verhandlungen.»* In der Fassung von 1919 ist zu lesen: *«Dazu ist vor allen Dingen notwendig die Einsicht, dass alle diejenigen, die von Deutschland aus – ich weiß nicht, wie man sagen soll, damit man niemand kränkt –, vielleicht mit wenig Ausnahmen, die heute in Versailles über das Schicksal Deutschlands verhandeln, nicht weiter als Instrumente verwandt*

ungeschminkt gesehen werden müssen, die heute so gesehen werden müssen, meine lieben Freunde, dass man auch in seinem inneren Urteil gar keine Konzessionen macht.

Sieht man das aber heute ein, dann nimmt man durch ein solches Sehen den ernsten Impuls auf, den man insbesondere für Volkspädagogik braucht. Man sieht, was die bisherige Volkspädagogik an Menschen, die heute Menschenschicksal machen, an die Oberfläche getrieben hat.

Es ist natürlich bequemer, die allertrivialsten Urteile an dasjenige anzugliedern, was hier eigentlich gemeint ist, als von den Anregungen ausgehend, die gegeben werden, auf die verschiedenen Felder zu sehen, damit auf diesen verschiedenen Feldern das Richtige getroffen werden kann.

Als ich vor längerer Zeit in unserem Bau in Dornach von der Dreigliederung des sozialen Organismus gesprochen habe, da verging einige Zeit und es tauchte nachher ein ganz sonderbarer Plan auf. Als ein groteskes Beispiel, wie die Menschen heute erzogen sind, darf ich vielleicht diesen Plan anführen.

---

werden für diese Verhandlungen.» Die Fassung der GA hat die Worte «vielleicht mit wenig Ausnahmen» nach vorne gestellt, was den Widerspruch zu den unmittelbar darauffolgenden Worten – «alle diejenigen» – noch deutlicher macht. Die Formulierung «alle diejenigen» schließt jede Ausnahme aus. Die Fassung von 1919 enthält denselben Widerspruch.

Da ist der Bau, an dem Bau einige Menschen beschäftigt, damit verbunden andere, die nichts zu tun haben und die in der Umgebung leben. Es wurde über die Dreigliederung des sozialen Organismus gesprochen. Nun entstand in einigen Köpfen die heute, ich möchte sagen, selbstverständliche Idee, man müsse doch irgendwo anfangen.

Und man wollte irgendwo anfangen zu «sozialisieren», indem man in der wüstesten sektiererischen Weise ein kleines Gebiet ins Auge fasst und in diesem kleinen Gebiet die wüstesten Pflanzen der Selbstsucht aufsprießen lässt und dann sagt, man habe doch irgendwo mit dem Sozialisieren angefangen.

Also sollte zunächst dasjenige, was an Menschen um den Bau herum gruppiert war, sozialisieren, den dreigliedrigen sozialen Organismus in Szene setzen. Pläne wurden entworfen, wie die Dornacher den dreigliedrigen sozialen Organismus in Szene setzen.

Man konnte nichts anderes tun, als den Leuten sagen: Was soll denn das eigentlich heißen?

Nehmt einmal an, ihr macht Ernst mit der Sache. Dann käme als Erstes die Selbständigkeit des Wirtschaftslebens. Ja, dann müsstet ihr euch natürlich vor allen Dingen Kühe anschaffen und melken und alles dasjenige tun, was scheinbar eine Wirtschaftsoase herbeiführen kann. Und daraus könnten, weil mit dieser Wirtschaftsoase nach außen hin andere Menschen in Verbindung stehen müssen, die schönsten Parasiten der Wirtschaft werden, denn jede solche sektiererische Abschließung ist nichts anderes als Wirtschaftsparasitismus.

Man kann in einem geschlossenen Wirtschaftsgebiet drinnen ja nur sozial egoisieren. Wenn man etwas ausschließt, so lebt man auf Kosten anderer. Es ist erst recht der wüsteste Kapitalismus.

Und das Rechtsleben: Nun, ich möchte sehen, wenn ihr ein Gericht einsetzt, wenn einer etwas ausfrisst, und ihr ihm das Urteil sprecht, ich möchte sehen, was dann der schweizerische Staat sagen würde, wenn ihr diese Dreigliederung hättet!

Und das Geistesleben: Seit wir eine anthroposophische Bewegung haben, ist gerade für das Geistesleben dasjenige gegen alle Widerstände angestrebt worden, was gegen alle Seiten unabhängig ist. Das haben wir getan, solange wir existieren! Das seht ihr gar nicht einmal, dass das gleich in Angriff genommen worden ist. So wenig Verständnis ist da, dass gemeint wird, dass das auch noch eingerichtet werden soll.

Darauf kommt es nicht an, dass heute irgendjemand sagt: «Ja, an irgendeinem Punkt muss man doch anfangen.» Mit diesem Anfangen ist zumeist nur ein wüstes kapitalistisches Individualisieren gemeint – dieses muss ja damit beginnen, dass man kapitalistisch zunächst eine solche Kolonie begründet. Damit ist man ganz ferne von dem, was mit den wirklich sozialen Gedanken gemeint sein kann.

Aber damit soll nicht eine Kritik über den Einzelnen ausgeübt werden. Denn ich bin der Letzte, der verkennt, welche Schwierigkeiten der Einzelne hat, wenn er sich heute in die großen Aufgaben der Zeit hineinversetzen soll.

Aber etwas anderes möchte ich Ihnen damit ans Herz legen: Sich nicht in Illusionen zu wiegen, sondern wenn Sie eben kapitalistisch individualisieren wollen, so gestehen Sie es sich ein: Sie sind aus den heutigen Verhältnissen heraus noch genötigt, zu Ihrer Wohlfahrt kapitalistisch zu individualisieren. Gestehen Sie sich bitte die Wahrheit ein, denn Wahrheit wird dasjenige sein, von dem wirklich auch alles soziale Leben wird ausgehen müssen.

Wahrheit sollte nicht einmal in den Sätzen verleugnet werden. Man sollte vor die Menschheit auch nicht einmal in der Formulierung von Sätzen mit einer Unwahrheit hintreten.

Es geht ja heute durch die Lande der Ruf: «Unentgeltlichkeit des Schulwesens!» Ja, was soll denn das überhaupt heißen? Es könnte doch nur der Ruf durch die Lande gehen: Wie sozialisiert man, damit ein jeder die Möglichkeit hat, seinen gerechten Beitrag zum Schulwesen zu schaffen?

«Unentgeltlichkeit des Schulwesens» ist ja nichts weiter als eine soziale Lüge, denn entweder verbirgt man dahinter auf der einen Seite, dass man einer kleinen Clique erst den Mehrwert in die Tasche liefern muss, damit sie ihr Schulwesen gründet, durch das sie die Menschen beherrscht, oder man streut allen Sand in die Augen, damit sie ja nur nicht wissen, dass unter den Pfennigen, die sie aus dem Portemonnaie nehmen, auch diejenigen sein müssen, von denen die Schulen unterhalten werden.

Schon in der Formulierung unserer Sätze müssen wir so gewissenhaft sein, dass wir nach Wahrheit streben.

Die Aufgabe ist groß, aber die Größe der Aufgabe sollte sich jeder vor Augen halten.

Dasjenige, was in der Geisteswissenschaft° innerhalb einer kleinen Bewegung seit Jahrzehnten als Ideal hingestellt worden ist, das, meine lieben Freunde, kann natürlich nicht jeder erfüllen. Der eine hat Rücksicht zu nehmen auf sein Amt, der andere auf seine Frau, die andere auf ihren Mann, der andere hat Rücksicht zu nehmen auf die Erziehung seiner Kinder.

Das müsste jeder sich rückhaltlos gestehen, damit er einen Überblick darüber erhält, wie wenig er dem nachkommt, um was es sich handelt. Denn das geisteswissenschaftliche° Ideal ist ein solches, dass es den Einsatz des ganzen Menschen notwendig macht. Das können heute viele nicht.

Aber sie sollen sich nicht die Illusion, den Nebel vormachen, dass sie nun schon genug getan haben, sondern sie sollen sich die Wahrheit über sich selbst gestehen. Aber auf der anderen Seite sollen sie davon durchdrungen sein, dass es heute ums Stehen oder Fallen geht, gerade bei der Pflege eines wirklich kulturgemäßen Geisteslebens.

Und niemand kann über dasjenige, was dem Geistesleben und damit dem sozialen Leben notwendig ist, zu richtigen Anschauungen kommen, der es nicht wagt, mutig sich zu gestehen: Der Radikalismus muss bis in die Abänderung des verruchten Stundenplans, bis in manche Kleinigkeiten hineingehen. Denn aus diesen Kleinigkeiten heraus entwickeln sich jene Schneebälle, welche dann zu Lawinen anwachsen, die heute als die großen Kulturschäden da sind.[10]

---

10 Hier enden sowohl die Klartextnachschrift wie auch die Fassung von 1919. In GA192 ist noch dazu zu lesen: *«Das bitte ich zu bedenken. Davon wollen wir dann ein nächstes Mal weitersprechen.»*

Für eine leichtere Lesbarkeit sind folgende Wortersetzungen vorgenommen worden (im Text durch ° gekennzeichnet):

«Banausen°» ersetzt «Botokuden»
«feststellen°» ersetzt «konstatieren»
«Geisteswissenschaft°» ersetzt «Anthroposophie»
«geisteswissenschaftlich°» ersetzt «anthroposophisch»
«Grundmerkmal°» ersetzt «Grundcharakteristikon»
«Hauptmerkmal°» ersetzt «Hauptcharakteristikon»
«Prüfungen°» ersetzt «Examina»
«Verbrauch°» ersetzt «Konsumption»
«verdichtet°» ersetzt «kondensiert»
«Vorlesungen°» ersetzt «Kollegien»

Folgende Anfügungen befinden sich in der Ausgabe 1919 in Klammern:

Seite[+]:	(Sie wissen, daß ich solche Dinge nicht aus irgend einer albernen Einbildung heraus sage)
«Mentalität»[+]:	(wenn ich das sehr in Mode gekommene Wort gebrauchen will)
lernt[+]:	(Sie wissen, es ist nur symptomatologisch gesprochen)
zum[+]:	(ehemals nannte man es Eselsbrücke)
Jahrzehnten[+]:	(vielleicht seit länger, ich kann sie nur seit Jahrzehnten verfolgen)
jeder[+]:	(nun, der Jeder wird es nicht sein können, aber eine gewisse Annäherung an das Ideal kann stattfinden)

Fachausdrücke der Geisteswissenschaft

Mensch- und Erdentwicklung

7 planetarische Verkörperungen der Erde	1. Saturn-, 2. Sonnen-, 3. Mond-Erde, 4. Erde (jetziger Planet), 5. Jupiter-, 6. Venus-, 7. Vulkan-Erde
7 geologische Epochen der jetzigen Erde	1. Polarische, 2. hyperboräische, 3. lemurische, 4. atlantische, 5. nachatlantische (die jetzige), 6., 7. Epoche
7 Kulturperioden der «nachatlantischen» Zeit (je 2160 Jahre)	1. Indische, 2. persische, 3. ägypt.-chaldäische, 4. griech.-römische Kultur (747 v.–1413 n.Chr.); 5. unsere Kulturzeit (1413–3573 n.Chr.), 6., 7. Epoche

Das Wesen des Menschen

3 Körper-Hüllen	1. Physischer Körper 2. Ätherischer Körper, Ätherleib, Bildekräfteleib 3. Astralischer Körper, Astralleib, Empfindungsleib
3 Seelen-Kräfte	1. Empfindungsseele 2. Gemüts- oder Verstandesseele 3. Bewusstseinsseele
3 Geistes-Glieder	1. Geistselbst (höheres Ich) 2. Lebensgeist 3. Geistesmensch
Aus 9 wird 7	1. Physischer Leib, 2. Ätherleib, 3. Astralleib, 4. Ich, 5. Geistselbst, 6. Lebensgeist, 7. Geistesmensch

Dreiheit in Mensch und Welt

Geistige Wesen:	Luzifer	Christus	Ahriman
Evangelium:	Diabolos	Streben nach Gleich-gewicht	Satanas
Geistig:	Spiritualismus		Materialismus
Seelisch:	Schwärmerei		Pedanterie
Physisch:	Entzündung		Sklerose
Moralisch:	hemmend	fördernd	hemmend

Naturelemente

Ätherwelt:	Wärmeäther	Lichtäther	Ton-/Zahlenäther	Lebensäther
Phys. Welt:	Wärme	Luft	Wasser	Erde
Unternatur:	Schwerkraft	Elektrizität	Magnetismus	Atomkraft
Naturgeister:	Salamander	Sylphen	Undinen	Gnome

Stufen der Einweihung

1. Imagination	Bilder sehen – in der Akasha-Chronik (Ätherwelt)
2. Inspiration	Worte hören – in der Seelenwelt (Astralwelt)
3. Intuition	Wesen erkennen – in der geistigen Welt (Devachan)

Die Vorträge Rudolf Steiners

Rudolf Steiner hat einige Tausend Vorträge, viele von ihnen öffentlich, vor den unterschiedlichsten Menschengruppen gehalten. Sie waren nicht für den Druck bestimmt, aber viele Menschen wollten seine Vorträge auch lesen. Dazu schreibt er in *Mein Lebensgang: «Es wird eben nur hingenommen werden müssen, daß in den von mir nicht nachgesehenen Vorlagen sich Fehlerhaftes findet.»* (Kap. XXXV)

In einer Zeit ohne Tonbandgeräte war der Weg vom gesprochenen Wort zum gedruckten Buchstaben nicht einfach. Es wurde in der Regel mit unterschiedlicher Geschicklichkeit stenografiert, dann das Stenogramm in Klartext übertragen und redigiert. So heißt es zum Beispiel in GA 137: *«Diese Ausgabe basierte auf der stenographischen Mitschrift von Franz Seiler, Berlin, welche im Auftrag Marie Steiner-von Sivers für den Druck korrigiert bzw. bearbeitet worden ist von Adolf Arenson.»* (HDD2004, S.233) Eine solche Bearbeitung enthält zuweilen auch Erläuterungen oder Ergänzungen, die nicht von Steiner stammen.

Der Archiati Verlag ist einerseits bestrebt, so nahe wie möglich an das von Rudolf Steiner Gesprochene zu kommen und andererseits die Geisteswissenschaft *allen Menschen* zugänglich zu machen, da es in ihrer Natur liegt, zum unmittelbaren Leben zu werden. Fürs Erste ist der Verlag dankbar, dass ihm die Original-Klartextübertragungen zur Verfügung stehen, fürs Zweite sind unter anderem die Wahl der Texte und die Art der Redaktion wichtig, aber auch die Gestaltung und nicht zuletzt der Preis.

Wie man wissenschaftliche Genauigkeit mit allgemeiner Zugänglichkeit verbinden kann, zeigt sich am Beispiel von ungebräuchlichen, nicht jedem verständlichen Wörtern, die durch ein allgemein verständliches Wort ersetzt und mit einem ° kenntlich gemacht werden. (Z.B. Verbrauch° für Konsumption, Warenverkehr° für Warenzirkulation) Am Ende des Buches findet der Leser in einer alphabetischen Liste das von Rudolf Steiner gesprochene Wort.

Rudolf Steiner (1861-1925) hat die moderne Naturwissenschaft durch eine umfassende Wissenschaft des Übersinnlich-Geistigen ergänzt. Seine Geisteswissenschaft oder «Anthroposophie» ist in der heutigen Kultur eine einzigartige Herausforderung zur Überwindung des Materialismus, dieser leidvollen Sackgasse der Menschheitsentwicklung.

Steiners Geisteswissenschaft ist keine bloße Theorie. Ihre Fruchtbarkeit zeigt sie vor allem in der Erneuerung der verschiedenen Bereiche des Lebens: der Erziehung, der Medizin, der Kunst, der Religion, der Landwirtschaft, bis hin zu einer gesunden Dreigliederung des ganzen sozialen Organismus, in der Kultur, Rechtsleben und Wirtschaft genügend unabhängig voneinander gestaltet werden und sich gerade dadurch gegenseitig fördern können.

Von der etablierten Kultur ist Rudolf Steiner bis heute im Wesentlichen unberücksichtigt geblieben. Dies vielleicht deshalb, weil seine Geisteswissenschaft jeden Menschen, der sie ernst nimmt, früher oder später vor die Wahl zwischen Macht und Menschlichkeit, zwischen Geld und Geist stellt. Gerade in dieser Wahl liegt aber jene innere Erfahrung der Freiheit, die jeder Mensch sucht und die der Grundaussage des Christentums zufolge seit zweitausend Jahren allen Menschen möglich ist.

Es liegt in der Natur dieser Geisteswissenschaft, dass sie weder ein Massenphänomen noch eine elitäre Erscheinung sein kann: Einerseits kann sie nur der einzelne Mensch in seiner Freiheit ergreifen, andererseits kann dieser Einzelne in allen Schichten der Gesellschaft und in allen Völkern und Religionen der Menschheit seine Wurzeln haben.